A Vogl

**Der Typhus im Münchener Garnisonslazareth**

Unter dem Einfluss der methodischen Bäderbehandlung

A Vogl

**Der Typhus im Münchener Garnisonslazareth**
*Unter dem Einfluss der methodischen Bäderbehandlung*

ISBN/EAN: 9783743451902

Hergestellt in Europa, USA, Kanada, Australien, Japan

Cover: Foto ©ninafisch / pixelio.de

Manufactured and distributed by brebook publishing software
(www.brebook.com)

A Vogl

**Der Typhus im Münchener Garnisonslazareth**

# DER TYPHUS

IM

# MÜNCHENER GARNISONSLAZARETH

UNTER DEM EINFLUSS

DER METHODISCHEN BÄDERBEHANDLUNG
(BRAND).

VON

**Oberstabsarzt Dr. A. VOGL**
IN MÜNCHEN.

Separatabdruck aus dem D. Archiv für klin. Medicin XLIII. und XLIV. Band.

LEIPZIG,
DRUCK VON J. B. HIRSCHFELD.
1889.

## Der Typhus im Münchener Garnisonslazareth unter dem Einfluss der methodischen Bäderbehandlung (Brand).

Von

**Oberstabsarzt Dr. A. Vogl**
in München.

### I.

Die Frage der Typhustherapie ist mit dem Auftauchen zahlreicher antipyretisch wirkender Stoffe in eine Wandlung und damit auch wieder in den Vordergrund getreten. Ihre hohe Bedeutung giebt jedem Arzte zu Mittheilungen auf diesem Gebiete Berechtigung, die zur Verpflichtung wird, wenn über belangreiche Daten in grösserem Maassstabe verfügt werden kann. Hierzu ist kaum irgendwo mehr Gelegenheit gegeben, als in München, wo der Typhus bis vor Kurzem endemisch war und in mässiger Häufigkeit auch jetzt noch Gegenstand ärztlicher Beobachtung und Behandlung ist. Ich habe im Jahre 1885[1]) unter dem Titel „Ueber Typhustherapie im Münchener Garnisonslazarethe" die Morbidität und Mortalität der von 1841—1882 verflossenen 42 Jahre zusammengestellt und mit dem jeweiligen therapeutischen Gesichtspunkt in Beziehung zu bringen gesucht.

Im Jahre 1868 begannen hier die Versuche mit der Kaltwasserbehandlung und vom Jahre 1875—1876 an wurde die streng methodische Bäderbehandlung nach Brand in Stettin auf meiner Abtheilung (Station Int. II) eingeführt und damit ein Umschwung in den Heilresultaten erzielt, der der Oeffentlichkeit nicht vorenthalten werden durfte; dennoch habe ich in spannender Erwartung der Meinungsäusserung Brand's entgegengesehen, ob er diese meine Behandlungsart im Grossen und im Kleinen als seine Methode anerkennen werde, ob sich also in meinen günstigen Resultaten dieselben Beziehungen zwischen Ursache und Wirkung verfolgen lassen, die der Schöpfung und Entwicklung dieser Methode zu Grunde gelegen sind.

---

1) Archiv f. klin. Med. Bd. XXXVII.

Jetzt, nachdem ich Brand's mehr als befriedigenden Ausspruch entgegengenommen, darf ich mich ihm als verbündet erklären und aus voller Ueberzeugung seine Methode vertreten, sowie die Einwände verschiedener Form und Art zu widerlegen versuchen, die unseren ebenso sehr getrennten, als bis in Kleinste übereinstimmenden Erfahrungen entgegengehalten werden. Ich fühle mich um so mehr angeregt hierzu, als v. Ziemssen, der sich von der strengen Objectivität meiner Auffassung und Bearbeitung überzeugt haben mag, der vorgelegten Statistik sowohl, als den daran geknüpften Folgerungen anerkennend zugestimmt hat.

Meine Arbeit beansprucht keine höhere Schätzung, als sie ungeschmückten Mittheilungen aus einem ziemlich reichlichen Gebiete ärztlicher Praxis gebührt.

Der Erörterung der Einwände gegen meine Statistik schicke ich gleich die Bemerkung voraus, dass ich denselben bei der grössten Geneigtheit, mich über Unrichtigkeiten in Zahlen oder Schlüssen aufzuklären, keinen Anlass entnehmen konnte, irgendwie eine Aenderung Platz greifen zu lassen, die für die Erledigung der gegebenen therapeutischen Frage von Belang wäre; in Folgendem werde ich bemüht sein, diese Bemerkung zu rechtfertigen.

Die Kritik hat von zwei Seiten meine Sätze zu entkräften gesucht: von der einen wird die Verschiedenheit der Mortalität durch die Verschiedenheit in der Auffassung des Begriffes „Typhus" gedeutet; es wird also hier die Richtigkeit der Morbiditätsziffer angezweifelt, und auf der anderen Seite wird die Sterblichkeitsverschiedenheit auf einen verschiedenen Charakter der Epidemien und der Endemie von früher und später bezogen.

Daran reihen sich einige rechnerische Bedenken von verschiedenem Belang. Zum kleinen Theil nur befasst sich die bisherige Kritik mit der Therapie selbst.

Meine Statistik hatte sich die zweifache Aufgabe gestellt, zu zeigen, wie sich die Morbidität und Mortalität in den früheren Decennien verhielten und wie heute, und dann sollte sie den Einfluss der Therapie auf die Höhe der Sterblichkeitsziffer darthun.

Um Uebersicht und Einsicht zu erleichtern, führe ich die Tabelle III (1885) nochmals vor; es ist hier das ganze Material in 3 Perioden getheilt, wovon in der I. Periode die Behandlung noch eine medicamentös eingreifende, in der II. eine mehr exspectative mit einzelnen Bädern verbundene war und die III. der Bäderbehandlung angehört.

## TABELLE 1.
### A. Zusammenstellung nach den 3 Perioden 1841—1882.

| Periode | Jahrgänge | Morbidität Zahl | pro mille der Iststärke | Mortalität Zahl | Procent der Erkrankten | Behandlung mit Bädern | | Mortalität Proc. |
|---|---|---|---|---|---|---|---|---|
| I    | 1841—1859 | 4096 | 50,4 | 872  | 21,0 |       |                | 20,7 |
| bezw. | 1848—1859 | 3320 | 60,7 | 659  | 19,8 | vor   | Ein- führung   | bezw. 19,6 |
| II   | 1860—1867 | 1388 | 30,4 | 266  | 19,1 |       |                |      |
| III  | 1868—1882 | 2841 | 29,7 | 348  | 12,6 | nach  |                | 12,6 |
|      | 1841—1882 | 8325 | 33,4 | 1486 | 17,8 |       |                |      |

### B. Zusammenstellung der III. Periode (Bäderbehandlung).

| | | | | | | |
|---|---|---|---|---|---|---|
| 1. | 1868—1875 | 1853 | — | 283 | 15,2 | Beginn |
| 2. | 1876—1882 | 988  | — | 65  | 6,5  | Einführung |
|    | a)        | 767  |   | 59  | 7,6  | combinirt |
|    | b)        | 221  |   | 6   | 2,7  | streng-meth. |
| III | 1868—1882 | 2841 | — | 348 | 12,6 | |

In einer kritischen Besprechung dieses Materials und seiner Zusammenstellung setzt besonders Gläser in Hamburg (1887) alle Hebel ein, um es statistisch zu entwerthen.

Vor Allem wird ein Tadel und ein grundsätzlich verwerfendes Urtheil darüber ausgesprochen, dass eine Zeitperiode vor und eine solche nach der Bäderbehandlung sich zum Vergleiche gegenübergestellt werden, da „sich doch mit der Zeit auch viele andere Factoren änderten und nicht die Behandlungsweise allein".

Darauf habe ich zu bemerken, dass sich an unserem Material nichts geändert hat, als die Behandlungsweise; diese war in den ersten 2 Perioden mehr medicamentös eingreifend, bezw. exspectativ mit einzelnen wärmeentziehenden Proceduren und fand ausschliesslich in Sälen statt; in der letzten Periode war Bäderbehandlung, meist in Baracken geübt; dann, dass ein solcher Einwand jede Statistik verbieten würde, welche eine therapeutische Errungenschaft in ihren Ergebnissen zu den früheren einer vergleichenden Prüfung unterzieht; auch die Statistik von Gläser (1883), in welcher ein 4 jähriger Zeitraum „mit Bäderbehandlung" mit einem darauffolgenden 4 jährigen „ohne solche" in Vergleich gezogen wird, könnte sich einer gleichen Abweisung nicht widersetzen, so wenig wie eine Anzahl anderer Statistiken. Darin, dass die von mir gegebene Zusammenstellung A aus einer ungleichen Zahl von Jahrgängen besteht, nämlich aus 27 Jahrgängen vor und 15 Jahrgängen nach der Bäderbehandlung, kann ich keinen statistischen Fehler sehen und zugeben; so weit nach rückwärts und nach vorwärts hat eben mein verfügbares Material gereicht, das ich blos der Symmetrie wegen zu ändern keinen Anlass hatte; ein anderer Grund aber zur Abgleichung ist mit bei einer Promille-, bezw. Procentberechnung der Morbidität und Mortalität nicht denkbar. Uebrigens steht es der Kritik frei, von der Periode vor der Bäderbehandlung allenfalls 7 Jahre hinwegzunehmen, also vom Jahre 1848 an zu zählen und noch 5 Jahre — von 1882 mit 1886 —, worüber ich weiter unten Morbidität und Mortalität zur Einsichtsnahme bereit stellen werde — nach der Bäderbehandlung anzufügen; so bekommt sie beiderseits 20 Jahrgänge — aber unverändert dasselbe Mortalitätsverhältniss vor und nach der Bäderbehandlung, wie bei der so scharf getadelten Ungleichheit der Zahl der Jahrgänge. Dies erklärt sich aus den im Ganzen doch sehr geringen Schwankungen der Mortalität innerhalb dieser zwei grossen Perioden. Damit wäre dieser Einwand abgethan.

Dann kommt ein wichtigerer Einwurf zur Sprache, den auch Unverricht erhoben hat, dass nämlich in meiner Tab. I (1885) die Feb. pituit. und Feb. typhos. vom Jahre 1848 an unter einem Namen aufgeführt, vom Jahre 1841 bis zum genannten Jahre (1848) aber getrennt gehalten seien.

Diese Klippe ist von Jedem gekannt, der sich mit Typhusstatistik beschäftigt. Diesbezüglich bitte ich zu bedenken, dass die Tabellen, wie sie vorliegen, den dienstlichen Berichten wörtlich entnommen sind und die Wahl zwischen zwei Fehlerquellen geboten war, wovon uns die gänzliche Ausschaltung der so enorm hohen Ziffer von Feb. pituitos. in den Jahren 1841—1848, die ganz gewiss eine Menge anderer Fieberzustände in sich geschlossen hat, die kleinere schien, obwohl unter dieser Feb. pituitos. auch Todesfälle, also zweifellose Typhen vorgetragen sind. Die Schwäche der statistischen Basis in den genannten früheren Jahrgängen war uns sehr wohl zum Bewusstsein gekommen; es wurde deshalb in zwei ausdrücklichen Bemerkungen (Tutschek, Tab. II. 1885) darauf hingewiesen, dass „dieser Umstand ein klares Bild von den Mortalitätsverhältnissen nicht gewinnen lässt, da erst mit dem Jahre 1848 eine verlässigere Auffassung des Typhusbegriffes beginnt".

Die Kenntnissnahme von diesen Bemerkungen hätte sicher den ganzen Einwand zurückgehalten; statt der mühevollen „Rectificationen" unserer Zahlen hätte die einfache, von uns empfohlene Abstreichung der unverlässigen Zahlen der Jahrgänge 1841—1848 die gewünschte Aufklärung gegeben, wie ich sie in obiger Tab. 1 (sub A. I. Periode) eingesetzt habe; da sich aber unter dieser Rechnungsweise die Mortalität vor der Badebehandlung nur um 1,1 Proc. (20,7 : 19,6) niedriger stellt, als bei Einrechnung der Jahrgänge 1841—1848, so ergiebt sich auch, dass dieser Einwand, auch wenn berechtigt, nicht von sehr grossem Gewicht war.

Vom Jahre 1848 an aber ist unsere Statistik nicht mehr und nicht weniger den störenden Einflüssen verschiedener ärztlicher Auffassungen über Typhus, Feb. pituitos., Typhoid, Feb. gastrica unterworfen, als jede andere Statistik. Doch haben Guttstadt, wie auch andere Statistiker angenommen, dass „Mortalitätsdifferenzen nicht durch fehlende Einheit in der Diagnose gesetzt sind, sondern sich annähernd gleich bleiben, wenn auch gastrische Fieber und Typhen zusammengerechnet werden". Auch Sommerbrodt befürwortet in einer Besprechung des Gläser'schen Aufsatzes die Zusammenziehung der Rubrik „Typhus abdominalis und Feb. gastrica" und weist in einer statistischen Tabelle die Unveränderlichkeit der Ergebnisse nach.

Wenn nun auch in der Periode 1848—1868 infolge der Verschmelzung der Feb. pituitos. und typhos. noch manche Feb. gastr. enthalten sein mag, so ist im Material von 1868 ab, welches ich zum grössten Theile selbst beobachtet, bezw. behandelt habe, dies sicher nicht der Fall. Es könnte somit höchstens die Typhussterblichkeit vor 1868 zu tief gestellt sein.

Die Eintheilung des ganzen Materials geschah auf Grund eines zeitlich scharf geschiedenen Verhaltens der Morbidität und der Mortalität; dann erst wurden die Wandlungen der therapeutischen Anschauungen damit in vergleichende Beziehung gebracht (s. Tab. II. 1885).

Die I. Periode ist von der II. durch einen plötzlichen Abfall der Morbidität vom Jahre 1859 auf 1860 geschieden; diese ist von da ab als mässigere Endemie, unterbrochen von einigen schweren Epidemien, welche in der I. Periode viel häufiger, fast jährlich aufgetreten waren, auf constanter Höhe geblieben durch die ganze II. und fast die ganze III. Periode; erst am Schlusse der letzteren anno 1880 hat unter einem ebenfalls ganz rapiden Abfall der Morbidität der Typhus aufgehört, in der Münchener Garnison endemischen Charakter zu tragen.

Die Mortalität hat sich ganz anders verhalten; sie hat in der I. und II. Periode sehr hoch gestanden und an dem Abfall der Morbidität von der I. auf die II. Periode nur wenig Theil genommen; hingegen ist sie in der III. Periode, und zwar schon in deren Beginn, noch mehr aber in deren Mitte abgefallen — bei noch ebenso hoher Morbidität wie in der II. Periode.

Als erstes und wichtigstes Ergebniss habe ich der Statistik die Thatsache entnommen, dass die Mortalität vom Ende der 60er Jahre an abgenommen hat ohne Parallelismus mit der Morbidität; ein solcher war überhaupt nur vorhanden im Anfang der 40er Jahre bei ebenso bedeutender Höhe der Erkrankungs- wie der Sterblichkeitsziffer.

Es decken sich also in ihrem Abfalle die Mortalitäts- mit den Morbiditätsziffern nicht, wohl aber mit der Entwicklung einer verbesserten Spitalhygiene und Therapie; die Mortalität ist gesunken im Verhältniss, wie die Maassnahmen der Hygiene und Therapie durchgegriffen haben: von der I. auf die II. Periode deshalb viel weniger, als von der II. auf die III. Periode.

Der Beginn der III. Periode entspricht dem Beginn der Bäderbehandlung (1868); die wirkliche Einführung der Bäderbehandlung fällt bei uns erst in die Mitte der 70er Jahre und ebendahin auch der bedeutende Abfall und bleibende Tiefstand der Sterblichkeit (1875). Damit grenzen sich die 2 grossen Zeitperioden ab: I. und II. Periode schliessen die Zeit vor und die III. Periode diejenige nach der Bäderbehandlung ein.

Das Jahr 1868 ist der Wendepunkt der Mortalität und zugleich der Anfang der Bäderbehandlung, nicht blos bei uns, sondern auch anderwärts gewesen. Dies muss festgehalten werden. Goltdammer sagt nach einer Schilderung der Zustände in den früheren Jahren wie folgt: „In dem Jahre 1868 ist bei uns (Berlin) dieses Bild ein ganz anderes geworden — — es darf aber nicht erwidert werden, dass dieser Umschwung mit einer Aenderung der Ernährung, Verpflegung und sonstiger hygienischer Verhältnisse zusammenhänge; in dieser Beziehung — und dies betone ich ganz besonders — hat sich für Typhuskranke nichts Wesentliches geändert; sie liegen in denselben Räumen, bei derselben Lüftung und Pflege, und auch die Ernährung ist heute noch gerade so wie damals — — —, nur die Behandlung wurde mit dem 1. Januar 1868 durch die Einführung der Kaltwasserbehandlung geändert. Mit ihr trat ein Umschwung ein, der auch dem Pflegepersonale, das für solche Dinge oft einen sehr gesunden Blick hat, klar zum Bewusstsein gekommen ist und der sich in der Abnahme der Mortalität um 5 Proc. (18,1 : 12,8 Proc.) ausdrückte, eine Abnahme, die zwar nicht so gross ist, wie anderwärts, aber immerhin bedeutet, dass seither 190 Typhen bei uns weniger gestorben sind, als gestorben wären, wenn die alte Mortalität fortgedauert hätte."

Dieser nicht zweideutigen Darstellung Goltdammer's darf ich wohl den Hinweis auf unsere Statistik anfügen (s. oben Tab. 1 A). Auch wir hatten in den 60er Jahren 19,1 Proc. Mortalität, die mit Beginn der Bäder (1868) herabging auf 12,6 Proc. in der III. Periode also eine überraschende Gleichheit! Mit Recht hält Goltdammer diesen Abfall für mässig; doch dieser erklärt sich bei ihm durch das Geständniss, dass die Bäderbehandlung nicht streng durchgeführt ist, bei uns durch die Zusammensetzung der 12,6 Proc. Mortalität aus den 15,2 Proc. beim Beginn der noch unvollkommenen Bäderbehandlung (bis 1876) und den 6,5 Proc. seit Einführung der methodischen Bäderbehandlung (streng und combinirt).

Bahrdt berichtet, dass die Mortalität des Typhus in Leipzig (Jacob-Spital) durch die Bäderbehandlung von 18,2 auf 9 Proc. gefallen ist.

Riegel hat in Würzburg auf der Klinik Bamberger's vom Jahre 1870/71 an, nachdem die mittlere Mortalität in den früheren Jahren 20 Proc. betrug, dieselbe auf 4,4 Proc. herabgedrückt durch eine streng methodische Bäderbehandlung.

Schulz in Bremen theilte anno 1872 mit, dass seit 1868 die Typhussterblichkeit nur mehr 4 Proc. betrug und dass, was sehr beachtenswerth ist, die Mortalität 5,4 Proc. war, wo blos bei Tag, und 2,8 Proc., wo auch Nachts gebadet wurde (bei uns combinirte Behandlung, bei welcher ebenfalls viele Nachtbäder wegfallen: 6,5, bei strenger Bäderbehandlung: 2,7 Proc.!).

Also über die Sterblichkeit vor dem Jahre 1868 gehen die Berichte sehr genau zusammen; auch Griesinger nimmt 20—25 Proc. als damalige Mortalität an. Es ist kein fasslicher Grund, gerade unsere Sterblichkeit von 20 Proc. zu bezweifeln.

Wir wollen nun die Sterblichkeit nach der Bäderbehandlung, nicht blos in Beziehung zu I. und II. Periode vor der Bäderbehandlung, sondern auch in Beziehung der strengen Bäderbehandlung auf der einen Abtheilung Int. II zu der gleichzeitig auf der anderen Abtheilung (Int. I) durchgeführten Bäderbehandlung in Combination mit medicamentöser Antipyrese prüfen. In 2 Jahrgängen war auf beiden Internstationen letztere Behandlungsweise eingehalten, in 4 Jahrgängen war auf Int. II die streng methodische Bäderbehandlung, auf Int. I die combinirte Behandlung durchgeführt.

Wie aus sub B (s. obige Tab. 1) zu ersehen ist, war die Mortalität vom Jahre der **Einführung** der Bäderbehandlung (1876) an auf beiden Stationen Int. I und II durchschnittlich 6,5 Proc. im Gegensatze zu 15,2 Proc. bei der (1868—1876) noch nicht systematischen Anwendung von Bädern und zu 20,7 Proc. vor der Bäderbehandlung (1841—1868). Die Kritik hat diesem Ergebnisse eine sehr weitgehende Verneinung entgegengestellt. Wer den umgestaltenden Einfluss des kalten Bades auf das Gesammtkrankheitsbild noch nie im Einzelfalle beobachtet hat, der ist eben auch nicht geneigt, den Umschwung in den Erfolgen nach einem Systemwechsel der Behandlung anzuerkennen; er glaubt die fernsten Ursachen eher, als den vor ihm liegenden therapeutischen Einfluss. So hat **Unverricht** den Abfall der Sterblichkeit von 32,0 Proc. im Jahre 1874—1875 zu einer solchen von 2,3 Proc. wenige Jahre darauf durch eine Verschiedenheit der Schwere der Typhuserkrankungen erklärt und gerade in diesem bedeutenden Unterschied von 29,7 Proc. die Dringlichkeit gesehen, die Schwere der Fälle mehr ins Auge zu fassen. Allerdings hat auch **Unverricht** nach Gepflogenheit Aller, die von geringerer Intensität des Typhus sprechen, für eine solche keinen anderen Beleg vorgeführt, als eben die geringere Sterblichkeit und die Voraussetzung, dass die Therapie unmöglich einen solchen Einfluss üben könne. Doch fällt es gar nicht schwer, diese willkürliche Annahme einer geringeren Schwere im gegebenen Falle zu widerlegen. Zunächst muss die von **Unverricht** angeführte Mortalitätsziffer von 32 auf 22 Proc. richtig gestellt werden (s. Tab. II meines Aufsatzes von 1885); es hatten im Jahre 1874—1875 von 141 Typhusfällen 31 letal geendet, also eine Mortalität von 22 Proc. auf beiden Stationen zusammen. Dadurch wird nun der vermeintliche Contrast schon um 10 Proc. herabgesetzt; dann soll man, um sich einen solchen Abfall innerhalb 3 Jahre zu erklären, auch das Verhalten in den zunächst folgenden Jahren, also hier vor Allem das dem genannten Jahre folgende Jahr 1875 in Betracht ziehen; in diesem Jahre war die Mortalität 10,6 Proc. Um zu erkennen, ob dieser Abfall der Mortalität (22 auf 10,6 Proc.) auf die Schwere der Krankheit oder die Therapie zu beziehen ist, liegt es am nächsten, die Mortalität auf den beiden Stationen zu vergleichen, die in diesem Jahre schon eine ganz verschiedene Behandlung hatten; es war nämlich hier schon auf Int. II die streng methodische Bäderbehandlung und auf Int. I die combinirte Bäderbehandlung durchgeführt und wurde dieser Jahrgang, wie schon gesagt, nur deshalb nicht in die Reihe der Vergleichsjahre (1876—1882) eingefügt, weil keine eingehenden Krankheitsgeschichten bezüglich der Temperatur, Complicationen, Bäderzahl u. s. w. bei den combinirt behandelten Fällen zur Verfügung waren; für die Beurtheilung der Vorzüge der betreffenden Therapie ist das Ergebniss dieses Jahrganges (1875—1876) immerhin vollwerthig. Es war nämlich bei combinirer Behandlung die Mortalität 15,8 Proc., bei methodischer Bäderbehandlung 4,5 Proc. zusammen 10,6 Proc. Wenn man nun nicht annehmen will, dass unter den 76 Typhen der Int. I Station um so viel mehr schwere Typhen als unter den 66 auf Int. II waren, dass dort 12 und hier nur 3 gestorben sind, so muss man doch aus den 15,8 Proc. Todten der Station I schliessen, dass der Typhus noch nicht so viel leichter geworden ist, als angenommen wird; wir haben hier ein Sterblichkeitsminus vom Vorjahr nur um 6,2 Proc. (22—15,8 Proc.). Die Erklärung der viel geringeren Mortalität auf der Int. II Station ohne die Therapie, nur durch die Abnahme der Schwere, dürfte angesichts der 15,8 Proc. auf Int. I nicht gelingen; dass sie nur mit der Therapie eine richtige ist, glaube ich nachweisen zu können. Denn auch in den späteren Jahrgängen war das Verhältniss nicht viel anders:

| Jahrgang | Combinirte Bäderbehandlung | Methodische Bäderbehandlung | Bemerkung |
| --- | --- | --- | --- |
| 1877/78 | Mortal. 3,8 Proc. | Mortal. 0,0 Proc. | In diesen 4 Jahrgängen wurde consequent auf Int. I Station combinirte Bäderbehandlung und auf Int. II methodische Bäderbehandlung geübt. |
| 1879/80 | » 10,8 » | » 3,9 » | |
| 1880/81 | » 18,8 » | » 4,0 » | |
| 1881/82 | » 9,1 » | » 4,7 » | |

Man kann bei hartnäckigem Scepticimus die Frage noch offen lassen, was die Fälle auf Int. II leichter gemacht und die Mortalität herabgesetzt hat, doch davon darf man sich überzeugt halten, dass auf Int. I kein Factor den Verlauf schlimmer gestaltet hat; es muss daher die Mortalität auf Int. I in diesen Jahrgängen (1876—1882) als der Ausdruck der Schwere des damaligen Typhus gelten, und da sie sich in vielen Jahrgängen derjenigen vor dieser Periode genähert hat, so wäre es ein directer Fehler, zu sagen: Der Typhus war in der Periode nach der Bäderbehandlung ein leichterer, als vorher.

Aus der obigen Zusammenstellung Tab. 1 A ist schon ersichtlich, dass nach den Gesammtergebnissen der 3 Perioden ein Zusammengehen der Morbidität mit der Mortalität nicht stattgefunden hat.

Da nun gerade die Ergebnisse derjenigen Jahrgänge (1874 mit 1876), um die es sich hier handelt, wegen des steilen Abfalles der

Mortalität unantastbare Beweise sind gegen diesen Parallelismus, so gestatte ich mir, deren Verhalten hier anzuführen:

Im Jahre 1874/75 war bei einer Morbidität von 17,3 pro mille die Mortalität 22,0 Proc.
» 1875/76 » » »  »  » 18,6 » » » 10,5 »
» 1876/77 » » »  »  » 39,1 » » » 5,3 »

Es ist auch bemerkenswerth, dass oft in den grössten Epidemien die Mortalität weit unter derjenigen stand, wie sie in endemischen Verhältnissen gestaltet war. Einige Beispiele hiervor aus den Jahrgängen der früheren Periode (Tab. II. 1885).

| Im Jahre | Morbidität in pro mille der Iststärke | Mortalität in Procent der behandelten Fälle |
|---|---|---|
| 1845 | 49,1 | 22,4 |
| 1856 | 86,2 | 20,2 |
| 1860 | 13,5 | 32,1 |
| 1862 | 57,7 | 16,1 |
| 1865 | 41,6 | 9,9 |
| 1868 | 18,1 | 14,1 |
| 1872 | 76,8 | 14,6 |
| 1874 | 97,2 | 16,4 |

Nach einer Zusammenstellung von Senator waren in den acht grösseren Krankenhäusern Berlins
anno 1875: 2059 Typhen in Behandlung, Mortalität 15,0 Proc.
» 1884: 1067 » » » » 14,5 »
also fast um die Hälfte Abnahme der Morbidität und fast gleiche Mortalität.

Auch das von Gläser vorgelegte Material aus dem allgemeinen Krankenhause in Hamburg von 1870—1877 beleuchtet zur Genüge dieses Verhältniss:

In der I. Periode (1870—1873) Morbidität 1306 Typhen, Mortalität 110 † = 8,4 Proc.
» II. » (1874—1877) » 1505 » » 131 † = 7,2 »

hier bedeutend höhere Morbidität bei etwas geringerer, fast gleicher Mortalität. Von den 8 Jahrgängen hat derjenige mit der geringsten Morbidität die höchste Mortalität (s. Gläser's Tabelle).

Es mag der Eindruck einzelne Aerzte in der Praxis für die Annahme eines solchen Parallelismus bestimmen und es mag dieser auch als zeitliches und örtliches Vorkommniss, selbst in häufigerer Aufeinanderfolge, nachweisbar sein, im Ganzen besteht er nicht. Der Therapie muss in der Aetiologie der Typhussterblichkeitsabnahme die erste Rolle zuerkannt werden, ob die Morbidität hoch oder niedrig steht. —

— 11 —

Zur Aufklärung in diesem Punkte scheinen meine eben erwähnten Vergleichsergebnisse aus 2 Stationen, in welchen gleichzeitig, aber verschieden behandelt wurde, jedenfalls geeignet. Allerdings sind die hier niedergelegten Unterschiede der Mortalität nicht ganz der Ausdruck der Ueberlegenheit der streng methodischen Bäderbehandlung, weil ja auch bei combinirter Behandlung, und zwar sehr viel gebadet wurde, aber sie drücken aus, um wie viel mehr man mit strenger Methode leistet, als mit einer halben. Ein Rückschluss auf die exspectative Behandlung ist dann nicht schwer.

Gläser sieht denn auch in diesen Ergebnissen Schwierigkeiten für die Kritik; er giebt zu, dass meine Tab. IV A. 1886 „auf den ersten Blick etwas Ueberzeugendes hat: Nebeneinander behandelt, gleiches Krankenmaterial, eine nicht ganz kleine Zahl von Fällen (221 : 767), dazu zu gleicher Zeit, an gleichem Orte und dabei auf der einen Seite eine Mortalität von 2,7 Proc., auf der anderen von 7,6 Proc. Bei näherer Betrachtung verliert sie Einiges von ihrer Ueberzeugungskraft. Vor Allem findet sich dann, dass das günstige Resultat der methodischen Bäderbehandlung zusammengelesen ist aus verhältnissmässig kleinen Zahlen für die einzelnen Jahre und dass eine Berechtigung der Uebertragung dieser aus kleinen Zahlen gewonnenen Verhältnisse auf die grossen keineswegs gegeben sei". Endlich wird es als unzulässig erachtet, „Ergebnisse aus verschiedenen Zeiträumen zum Vergleiche zusammenzulesen". Zur vollkommenen Klarlegung der Sache ist es unerlässlich, das ganze fragliche Material dieser Zeitperiode von 1875/76, bezw. 1876/77—1881/82, nochmals in einer Zusammenstellung vorzuführen (s. Tab. 2 S. 12).

Es war also, den Jahrgang 1875/76, weil zur übrigen Berichterstattung nicht verwendbar, abgerechnet, nachstehendes Verhalten:

1. 1876/77, 1878/79          in comb. Behandl. 542 Fälle; † 30 = Mort. 7,1 Proc.
2. 1877/78, 1879/80, 1880/81, 1881/82 in comb.   =    225 = ; † 20 =    = 8,8 =
                                           in method. =    221 = ; † 6 =    = 2,7 =

3. in sämmtlichen Jahrgängen      in comb. Behandl. 767 Fälle; † 59 = Mort. 7,6 Proc.
                                           in method. =    221 = ; † 6 =    = 2,7 =

Wenn dem Sinne der Einwendungen entsprochen werden soll, so erwachsen allerdings dem Nachweise des therapeutischen Einflusses unübersteigbare Hindernisse; es werden von der Kritik zuerst die Zahlen in den Einzeljahren zu klein befunden, und dann wird nicht zugegeben, diese Zahlen zu einer Summe zu vereinen, weil sie verschiedenen Jahrgängen angehören.

Vor Allem möchte ich eine Zahl von 56 Typhen auf jeder Station jährlich, wie sie vorliegt, wenn man auch nur die Fälle sub 2 in

## Tabelle 2.

### Uebersichtliche Zusammenstellung der Mortalität nach Jahrgang, Station und Behandlungsmethoden.

| Jahrgang | Station | Zahl der Typhen | Zahl der Todten | Procent der Mortalität | Behandlung |
|---|---|---|---|---|---|
| 1875/76 | Int. I. | 76 | 12 | 15,8 | Combinirte |
|         | Int. II. | 66 | 3 | 4,5 | Methodische |
| 1876/77 | Int. I. | 194 | 13 | 6,7 | Combinirte |
|         | Int. II. | 141 | 5 | 3,5 | Methodische |
| 1877/78 | Int. I. | 77 | 3 | 3,8 | Combinirte |
|         | Int. II. | 56 | 0 | 0 | Methodische |
| 1878/79 | Int. I. | 115 | 7 | 6,1 | Combinirte |
|         | Int. II. | 92 | 14 | 15,2 | Combinirte |
| 1879/80 | Int. I. | 110 | 12 | 10,8 | Combinirte |
|         | Int. II. | 98 | 3 | 3,9 | Methodische |
| 1880/81 | Int. I. | 16 | 3 | 18,8 | Combinirte |
|         | Int. II. | 25 | 1 | 4,0 | Methodische |
| 1881/82 | Int. I. | 22 | 2 | 9,1 | Combinirte |
|         | Int. II. | 42 | 2 | 4,7 | Methodische |

Rechnung zieht, nicht gerade zu klein nennen, namentlich wenn man dafür die absolute Gleichheit der Verhältnisse in Anschlag bringt; dass die Ziffer von 6 Todesfällen auf Int. II Station bei ihrer Vertheilung auf je eines der 4 Jahre eine sehr kleine wird, das ist allerdings richtig und da befremdend, wo man gewohnt ist, mit grösseren Mortalitätsziffern zu rechnen; aber eben darin liegt ein Beweismoment für die Therapie gegenüber der Int. I Station, auf welcher 20 Todesfälle sich auf 4 Jahre mit je 5 Fällen vertheilen.

Man kann also nur der „Mortalität" bei streng methodischer Bäderbehandlung „zu kleine Zahlen" zum Vorwurfe machen. Was die „Morbidität" betrifft, so verkenne ich nicht, dass es einem ausschliessend statistischen Gesichtspunkte befriedigender erschiene, die sub 2 angeführten auf 2 Stationen (225 und 221) behandelten Fälle statt in 4 Jahren in 1 Jahre nebeneinander sehen und prüfen zu können; aber es ist kein einziger Grund eines Verbotes zu entdecken, die Ergebnisse dieser 4 Jahre zusammenzufassen zu einem Gesammtvergleiche; es war in dem einen, wie in dem anderen Jahre auf jeder der beiden Stationen eine ziemlich gleiche Zahl von Typhen in Behandlung, unter fortwährend gegenseitig gleichen Verhältnissen; diesen Bedingungen der Gleichheit hätte aber auch nicht besser entsprochen werden können, wenn die 225 combinirt behandelten Fälle mit 20 Todesfällen und die 221 streng methodisch behandelten Fälle mit 6 Todesfällen statt in 4 Jahren sich während 1 Jahres gegenübergestellt wären.

Nicht anders verhält es sich mit den Fällen sub 1; nicht blos insofern als die 2 Jahrgänge unter sich in vollkommen gleichen Bedingungen gestanden haben, sondern auch als sie zwischen die Jahrgänge sub 2 zu fallen kommen und somit auch in gar keiner Weise andere Verhältnisse geboten haben, als diese. Ihrer Heranziehung in das gesammte Vergleichsmaterial steht somit kein Hinderniss entgegen.

Es ist demnach gestattet, als feststehendes Gesammtverhältniss das sub 3 aufrecht zu erhalten, nämlich:

bei combinirter Behandlung . . Mortalität 7,6 Proc.
= streng methodischer Behandlung = 2,7 =

Wenn nun mit solchen Gesammtergebnissen auch diejenigen der Einzeljahre stimmen, so gewinnen damit beide an Beweiskraft. Es ist schon oben erwähnt, dass bei combinirter Behandlung innerhalb dieser 6 resp. 7 Jahrgänge 10,8; 15,2; 15,8 und selbst 18,8 Proc. Mortalität aufgetreten, bei der methodischen Bäderbehandlung aber 4,7 Proc. nie überschritten worden sind; so kommt denn hier eine Constanz der Wiederkehr sehr grosser Differenzen ganz unabweisbar zur Geltung. Die Kritik nennt sie eine „Besonderheit, wenn auch vielleicht nicht eine durch die Kaltwasserbehandlung bedingte" (Gläser).

Ich bin in der Lage, diesen günstigen Ergebnissen der Jahre 1875 mit 1882 noch diejenigen der folgenden Jahre bis zum letzten Etatsjahre anzureihen; wir sind auch hier bei streng methodischer Bäderbehandlung, mit Ausnahme von einigen Zehntel im Jahre 1885/86, in welchem die Kritik wohl nicht eine Bestätigung ihrer warnenden Voraussage erkennen wird, nicht über 4,7 Proc. Mortalität hinaufgekommen; es war nämlich:

im Jahre 1882/83 eine Mortalität von 2,9 Proc.
= = 1883/84 = = = 0,0 =
= = 1884/85 = = = 4,1 =
= = 1885/86 = = = 5,1 =
= = 1886/87 = = = 4,0 =

Die Zahl der behandelten Fälle war 141 Typhen, die durchschnittliche Mortalität 3,5 Proc. Von grosser Bedeutung ist die auch auf der Int. I Station sich mindernde Mortalität zugleich mit der sich steigernden Strenge der Bademethode und Versagung auf medicamentöse Antipyrese.

Im Jahre 1882/83 eine Mortalität von 5,0 Proc.
= = 1883/84 = = = 4,5 =
= = 1884/85 = = = 2,8 =
= = 1885/86 = = = 4,7 =
= = 1886/87 = = = 4,0 =

Die Zahl der behandelten Fälle war 144 Typhen, die durchschnittliche Mortalität 4,1 Proc. Nicht ohne Interesse sehen wir dem Berichte entgegen, ob sich die Mortalität von 7,2 Proc. im Hamburger Krankenhause bei symptomatischer Behandlung seit 1877 bis 1887 ebenfalls constant erhalten, oder nicht noch weiter verschlimmert hat.[1]) *Nach obiger Zusammenstellung steht die Thatsache fest, dass auf Int. II Station unter der streng methodischen Bäderbehandlung die Mortalität sich, mit einer Ausnahme von 5,1 Proc., innerhalb der letzten 12 Jahre nie über 4,7 Proc. erhoben und im Durchschnitt 3,2 Proc. betragen hat,* ein Verhältniss, das doch gewiss Anspruch hat, statt eine stets verneinende Kritik zu erfahren, wenigstens einmal ausgedehnterer Versuche gewürdigt zu werden. Solche sind bis jetzt nur wenige und unvollkommene dem Brand-schen Verfahren zu Theil geworden.

So sucht die Gläser'sche Kritik die ihr anstössige Wiederkehr der geringen Mortalität bei diesem Verfahren auf meiner Station durch eine Wahrscheinlichkeitsrechnung zu bekämpfen, die ich aber, als dem Thema gar zu fern gelegen, übergeben muss; auch möchte ich nicht Anlass geben, dass die kostbare Zeit des „mathematischen Freundes" wiederholt in Anspruch genommen werde.

Dann stellt sich Gläser die Aufgabe, den Einfluss der Therapie, gleichfalls auf rechnerischem Wege, durch Feststellung des Antheiles anderer Factoren an den günstigen Ergebnissen als Null und nichtig zu erklären.

Es wurde hierbei ein Jahrgang herausgenommen, wo auf beiden Stationen der Unterschied blos in der Darreichung von Chinin, sonst aber in Bäderbehandlung und ständigem Barackenaufenthalt vollkommene Uebereinstimmung bestand; ein Plus von 4 Proc. Mortalität combinirter Behandlung fällt hier auf das Chinin und bildet die Grundlage zur Berechnung der Ursache der geringeren Sterblichkeit bei methodischer Behandlung in den anderen Jahrgängen. Auf gleiche

---

[1]) Nach neueren Mittheilungen war letzteres in hohem Maasse der Fall.

Weise wurde der zweite Factor zu erforschen gesucht in seinem Antheil an der geringeren Sterblichkeit, d. i. der Aufenthalt der Kranken in Baracken; er wurde zwar in seiner Grösse sehr schwankend befunden, aber im Allgemeinen gross genug, dass für den dritten Factor, die Strenge der Bäderbehandlung, kein Procent mehr übrig geblieben ist.

Der Weg führt nicht zur Wahrheit! Es lassen sich diese rechnerischen Versuche, soweit sie ernst gemeint sind, nur mit der Darlegung unseres praktischen Gesichtspunktes erwidern: Der Heilzweck, der in einem Militärlazarethe dem Versuche und der Forschung vorgeht, gebietet, sofort Alles aufzubieten, was der Erreichung günstiger Heilresultate förderlich erscheint. Es muss daher entschuldigt werden, wenn wir an der statistischen Ausscheidung, namentlich des Bäder- und Barackeneinflusses kein besonderes Interesse genommen haben; es wurden darüber bestimmte Aufzeichnungen nicht gemacht, wie lange dieser oder jener Kranke, oder wie viel Monate alle Kranken der Int. I Station auf Baracken oder Sälen gelegen haben; so sind auch Berechnungen weder uns, noch der Kritik ermöglicht. Aber auf Grund meiner Erfahrungen nehme ich keinen Anstand, festzustellen, dass der fortgesetzte Aufenthalt der Kranken in den Baracken der Int. II Station einen ganz entschiedenen Antheil hat an dem Minus der Sterblichkeit im Vergleich zu derjenigen der Int. I Station, welche ihre Kranken, besonders im Winter, mehr oder weniger lang in den Sälen untergebracht hatte.

Bei der Wahl aber, ob Bäder oder Baracken, wird man sich nicht besinnen dürfen, zu ersteren zu greifen, da man Luft doch überall beschaffen kann, wenn man ihre Bewegung nicht scheut.

Die Frage über die Beziehungen der Bäder zur medicamentösen Antipyrese soll in Einem mit der Kritik Unverricht's besprochen werden, der sich befremdet und auch etwas befremdend über die Annahme äussert, dass „die Verabreichung von Chinin oder Salicylnatron neben der Wasserbehandlung eine so grosse Anzahl Kranker tödten sollte, die sonst zu erhalten gewesen wären". Ich habe weder dem Sinn, noch dem Wortlaute nach so gesprochen, wohl aber hat Unverricht an anderer Stelle dies unverblümt gethan, indem er der Salicylsäurebehandlung in einem Berliner Krankenhause eine Mortalität von 26 Proc. zum Vorwurf macht und in der Kairinbehandlung einen Beweis sieht, was „der menschliche Organismus auszuhalten vermag".

Ich enthalte mich eines Urtheils über die medicamentöse Antipyrese, ohne zu verschweigen, dass in manchen Fällen mit combinirter

Behandlung die mitunter recht hoch gestellte Gesammtmenge Chinin, Salicylnatron und auch Antipyrin nicht ohne nachtheilige Rückwirkung auf den Verlauf geblieben und dass somit die Medicamente an der Mortalitätsdifferenz der combinirten (20 Todesfälle) von der methodischen Behandlung (6 Todesfälle) nicht schuldlos sind, füge aber an, dass ich die Misserfolge der combinirten Bäderbehandlung viel mehr der Störung der Bademethode durch die Pausen anrechne, welche den abendlichen Chinindosen folgen, als diesen selbst. Die Bäderbehandlung wird dadurch meist jeden anderen Tag bei Chininmedication und viel öfter bei Antipyrin ihres fortgesetzten Einflusses beraubt und entfernt sich um so mehr von dem Begriff der Methode und ihren Erfolgen, je häufiger und ausgedehnter sie durch Darreichung innerer Antipyretica unterbrochen wird.

Den weiteren Einwand, der schon oben flüchtig berührt worden ist und sich auf ein Milderwerden des Krankheitscharakters beruft, muss jede Statistik gewärtigen, welche eine Herabsetzung der Sterblichkeitsziffer durch ärztliches Zuthun zu beweisen sucht; er ist eine Hauptwaffe des Skeptikers. Ich muss nochmals dagegen Stellung nehmen. Bis der Nachweis gelungen sein wird, unter welchen Eigenschaften und Lebensbedingungen das Typhusgift einmal besonders schwere Infectionserscheinungen, tiefgreifende Mortificationen oder ungewöhnlich häufig pneumonische Complicationen erzeugt, ein anderes Mal aber den allgemeinen und localen Erscheinungen einen leicht typhösen Charakter aufprägt, also bis die Menge oder die Art der Typhuspilze schon im Voraus ihre Wirkungen bemessen lässt, kann man nur ganz allgemein aus letzteren auf eine Verschiedenheit der ersteren schliessen; es wäre jedoch gewagt, in einer Wendung, der ärztlichen Beobachtung entgegen, ein Seltener- und Milderwerden des Typhus durch eine unschuldigere oder verkümmerte Pilzform beweisen zu wollen, von der man noch nichts weiss.

Eine Kritik sagt: „Es lässt sich unschwer beweisen, dass es auch im Typhus Perioden giebt, wo die Pilze infolge ihrer geringeren Infectionstüchtigkeit leichtere Krankheiten verursachen; es fehlen gegenwärtig auf den Sectionstischen vollkommen jene wohlgenährten Typhusleichen mit der kräftigen dunkelrothen Musculatur, bei denen der Tod schon um den 12. Tag der Krankheit eingetreten war. Noch in Mitte der 70er Jahre waren derartige Infectionen, welche, so zu sagen, im ersten Anlauf tödteten, durchaus keine grosse Seltenheit; sie sind dann immer spärlicher zum Vorschein gekommen und seit einer Reihe von Jahren sind sie vollkommen verschwunden."

„Pilze, die so intensive Infectionen verursachen, giebt es heutzutage nicht mehr, der Typhus ist in der That milder und infolge davon tractabler geworden."

So meint Port, der an anderer Stelle anführt:

„Es müssen seit drei Decennien der bayerischen Militärstatistik zufolge die Existenzbedingungen des Typhus schlechter und immer schlechter geworden seien ....; dass damit die Krankheit nicht nur seltener, sondern auch milder auftritt, muss jedem Unbefangenen als etwas Selbstverständliches erscheinen ... Die Pilze verkümmern, ebenso auch die durch sie hervorgerufene Krankheit; es ist dies ein bacteriologisches Postulat."

Letzteres mag richtig sein; aber der Beweis der Verkümmerung des Typhuspilzes ist bacteriologisch nicht erstellt und auch nicht der Beweis der Verkümmerung der Krankheit.

Es wird sich empfehlen, von bacteriologischen Erwägungen ganz abzusehen und vom pathologischen Standpunkt der Frage näher zu treten, wie weit es Willkür oder Berechtigung ist, die geringere Mortalität im Münchener Garnisonslazarethe im Vergleich zu früher und zu derjenigen, wie sie gleichzeitig auf einer anderen Station gegeben war, als die Folge eines milderen Krankheitscharakters zu deuten.

Vorher möchte ich noch auf den Ausspruch eines schon citirten Statistikers mich berufen, der mir von gewichtigem Belang erscheint für die Erledigung dieser Frage:

Guttstadt, Decernent am statistischen Bureau, hat sich in einem Vortrag im „Verein für innere Medicin in Berlin" 1887 unter Anderem dahin geäussert, dass die Mortalitätsdifferenzen im Typhus .... sich auch nicht allein aus der Verschiedenheit der Intensität der Infection und dem Charakter ableiten lassen, dass vielmehr der Behandlung des Abdominaltyphus, die jetzt viel erfolgreicher sei, als früher — namentlich die Brand'sche Methode — ein bedeutender Einfluss auf die Mortalitätsstatistik zukomme ....

Hat nun gerade der Münchener Typhus sich so sehr geändert, dass man sich daraus die Abnahme der Sterblichkeit erklären dürfte? Die Gleichheit oder Ungleichheit eines gegebenen Bildes mit einem längst vergangenen überzeugend darzustellen, hat grosse Schwierigkeit; es stehen zwar von damals noch Krankheitsberichte zur Verfügung und Hunderte solcher Fälle noch im Gedächtniss der Aerzte, welche vor 20—30 und mehr Jahren schon thätig waren, aber die damalige Beobachtung und Beurtheilung war eine andere (Temperaturmessungen u. s. w.) und die thatsächlich geringere Heftigkeit der allgemeinen und örtlichen Erscheinungen, wie sie die Typhen von heute zur Schau tragen, deuten wir eben als die Folge der Therapie, welche die schwereren Fälle zu leichteren macht.

Wir sind daher darauf angewiesen, auf einen unmittelbaren Vergleich zu verzichten und nach Anhaltspunkten zu suchen, welche über die Intensität der heutigen Fälle ein Urtheil gestatten, d. h. ob wir es nach den herkömmlichen ärztlichen Begriffen mit schweren, mittelschweren u. s. w. Fällen zu thun haben. Dazu bedarf es Kriterien, die von der Therapie mehr oder weniger unabhängig sind; Complicationen und Mortalität sind deshalb hierbei nicht verwendbar.

Der Zeitpunkt des letalen Ausganges ist gewiss ein brauchbares Kriterium für die Beurtheilung schwerer oder leichter Infection; er wird bei ersterer früher erfolgen als bei letzterer, obwohl man bei dieser Erwägung die Rolle des erkrankten Organismus nicht so sehr, wie man jetzt geneigt ist, ausser Rechnung bringen darf. Wie die Krankheitsdisposition überhaupt, ist auch die Disposition zu schwerer und leichter Erkrankung zeitlich nicht immer gleich.

In den vorstehenden Sätzen Port's ist circa der 12. Tag der Krankheit als derjenige aufgestellt, an oder vor welchem der letale Ausgang eine besonders schwere Infection andeutet. Es fehlen nun darüber genauere Angaben, ob darunter wirklich der 12. Krankheitstag oder der 12. Aufenthaltstag gemeint ist; ich glaube Letzteres annehmen zu dürfen, denn eine Berechnung der Krankheitsdauer auf den Tag war in der früheren Zeit (ohne Thermometer) nur eine ganz ungefähre und hauptsächlich auf die Angaben über das erste Gefühl des Unwohlseins angewiesen, und auch für Port war es nachträglich nicht möglich, bei fehlenden Belegen mit grösserer Verlässlichkeit den 12. Krankheitstag festzustellen. Es handelt sich auch hierin um Willkür.

Ich lege zunächst die Ergebnisse vor, welche unser Material in dieser Richtung geliefert hat.

Von den in den Jahren 1876—1882 behandelten 988 Typhen sind 65 gestorben.

Davon in der 1. und 2. Aufenthaltswoche 23
= = = 3. bis 14. = 42
Summa 65

Die in den ersten 2 Wochen tödtlich verlaufenen 23 Fälle vertheilen sich:

TABELLE 3.

| Aufenthaltstag beim Eintritt des Todes | Zahl der Fälle |
|---|---|
| Am 3. Tag | 1 † |
| " 5. " | 2 † |
| " 6. " | 1 † |
| " 7. " | 3 † |
| " 8. " | 2 † |
| " 9. " | 4 † |
| " 10. " | 5 † |
| " 11. " | 1 † |
| " 12. " | 2 † |
| " 13. " | 1 † |
| " 14. " | 1 † |
| 22. Tag durchschnittlich | Summa 23 † |

Die Feststellung des jeweils gegebenen Krankheits-Stadiums oder gar -Tages ist auch heute noch wegen des schwankenden Auftretens der hierfür belangreichen Symptome immerhin schwierig; ebenso und noch mehr die Berechnung der beim Zugange schon abgelaufenen Krankheitstage. Anamnestische Daten sind ganz geringwerthig.

Als Ergebnisse vieler Hunderte von Krankheitsgeschichten und Temperaturcurven kann ich anführen, dass bei unseren Zugängen der 1. Tag des Spitalaufenthaltes im Durchschnitte dem 3. bis 4. Krankheitstage — also ungefähr dem 1. Tage der Fieberakme — entspricht.

Von den in Tab. 3 vorgeführten 23 Todesfällen treffen 21 Fälle, also der 3. Theil der Gesammtmortalität (= 65) auf die ersten 12 „Tage des Spitalaufenthaltes".

Rechnet man also nach obiger Aufstellung noch 3—4 Tage als ausserhalb des Spitals verbracht hinzu, so erhält man die Zeitdauer vom Beginne der Erkrankung bis zum Eintritte des Todes; es bleiben dann immer noch 15, bezw. 18 Fälle, welche vor dem 12. „Krankheitstage" mit tödtlichem Ausgange abgeschlossen haben.

Diese Fälle endeten, mit Ausnahme von zweien, die einer Peritonitis, bezw. Pleuritis haemorrhag. erlegen sind, unter den Symptomen der Herzschwäche oder der Gehirnparalyse — also in directer Folge der Infection. Weder im Leben, noch an der Leiche war eine Complication beobachtet worden.

Da die Kritik sich nicht näher über das damalige Verhältniss der anatomischen Befunde äussert, sondern nur meint, das jetzt Typhusleichen fehlen mit noch wohlgenährter dunkelrother Musculatur, so ist auch ein aufklärender Vergleich nicht ermöglicht, aber jeder

Arzt wird obigen Daten eher einen Grad von Malignität der Krankheit, als einen milden Charakter entnehmen.

Man mag meine Berechnung der Krankheitsdauer bemängeln, so wird doch zu berücksichtigen sein, dass in militärischen Verhältnissen Beginn der Krankheit und Eintritt in das Lazareth nicht so weit auseinanderfallen wie in Civilspitälern, ein Umstand, der ja mit Recht als Mitfactor unserer günstigeren Mortalitätsverhältnisse erachtet wird, so dass also sicher eine nicht kleine Anzahl unserer Todesfälle vor dem 12. Krankheitstage erfolgt ist; als unumstösslich aber dürfen wir jedenfalls annehmen, dass es auch in der Periode von 1876 bis 1882 noch einen Infectionsstoff gegeben hat, der vor dem 12. Tag getödtet hat; wir haben sogar Belege dafür, dass dieser Stoff auch heute noch besteht oder lebt.

Nur der mächtige Eindruck der vor mehreren Decennien herrschenden absolut hohen Sterblichkeit — im Winter jede Woche 2 bis 3 Todesfälle in der Garnison — ist es, welcher heute zu sehr zur Annahme einer milderen Krankheitsform bestimmt. Gerade der Statistiker soll sich aber von solchen Eindrücken frei zu machen wissen und auch seinen Blick aufs Krankenbett richten.

Hierin muss sofort noch einer Einsprache schon in ihrem Entstehen begegnet werden, die dahin geht, dass gerade die Brand'sche Methode sich rühmt, den Eintritt des Todes als directe und ausschliessliche Folge der Infection, bevor es noch zu Complicationen kommt, fern zu halten. Unter den aufgeführten 56 Todesfällen sind auch die 6 Fälle, welche bei dieser streng methodischen Bäderbehandlung auf meiner Station tödtlich verlaufen sind; in der einen Hälfte derselben erfolgte der Tod in ganz später Zeit an Kehlkopfaffection (2 mal) und an hämorrhagischer Pleuritis (1 mal), in den anderen 3 Fällen unter den Erscheinungen der Herzinsufficienz, allerdings schon in der 1. und 2. Woche des Spitalaufenthaltes, aber nachgewiesenermaassen am Ende der 2. und 3. Woche der Krankheit; es waren dies 2 Officiersdiener, welcher Kategorie es möglich ist, sich viel länger noch auswärts fortzuschleppen, und dann 1 Mann aus dem Gefängniss, der durch lange Haft geschwächt war und seinen Zustand verheimlicht hatte.

Der Tod war also hier zwar nach kurzem Spitalaufenthalt, aber nach längerer Krankheit und verspäteter Behandlung eingetreten. An dieser Stelle möchte ich übrigens die Bemerkung nicht unterlassen, dass neben oben genannter Wirkung die prophylaktische Leistung der Brand'schen Behandlung gegen die Complicationen mindestens von gleichem Werthe ist.

Einen weiteren Anhaltspunkt zur Beurtheilung der Intensität unserer Fälle bietet die Zugangstemperatur, meist abgenommen am Nachmittag des Eintrittes, einige Stunden nach diesem, um den Einfluss des Transportes auszuschalten.

Wenn es auch nicht Gesetz ist, dass schwere Infectionen mit hohen Temperaturen einsetzen, so ist es doch Regel und es gehört unerlässlich zur Charakterisirung eines Typhusfalles oder einer Reihe von solchen, dass man die Anfangstemperatur kennt und angiebt. In unseren nebeneinander behandelten Fällen war diese, wie in Tab. 4 angegeben.

TABELLE 4.

| Temperatur (in recto) | bei combinirter Behandlung | bei streng methodischer Behandlung |
|---|---|---|
| 41,0 Proc. und mehr | in 5,6 Proc. Fällen | in 7,2 Proc. Fällen |
| 40,0 = = | = 49,3 = = | = 62,2 = = |
| 39,0 = = | = 33,4 = = | = 29,3 = = |
|  | 225 Fällen | 221 Fällen |

Die noch fehlenden Procente betreffen Fälle mit nicht verlässig eingetragenen Daten u. s. w.

Für Vergleiche mit früher sind diese Ergebnisse allerdings gegenstandslos, da dort hierüber gar keine Aufschlüsse vorliegen, aber sie sind ein allgemeiner Maassstab für die Schwere unserer Fälle und diese muss man demgemäss nach meiner Ansicht als eine „mehr als mittlere" schätzen.

Noch anders gestaltet sich die Sache, wenn man zur Beurtheilung der Schwere das in jedem Falle erreichte absolute Maximum im ganzen Verlaufe, Complicationen abgerechnet, verwendet; hier lässt sich mit aller Bestimmtheit beweisen, dass dasselbe in allen unseren Fällen viel höher gestellt wäre, wenn nicht durch die Bäder dem Ansteigen entgegengetreten würde; infolge davon ist bei uns die Anfangstemperatur das absolute Maximum für den Gesammtverlauf, wenigstens in der Regel, während es bei Spontanverlauf meist erst gegen Ende der 1. Akmewoche erreicht wird und auch noch später.

Die Dauer der Krankheit, die in manchen Statistiken durch die Dauer des Spitalaufenthaltes ausgedrückt und so zur Schätzung der Schwere der Krankheit verwendet wird, bietet hierfür keinen verlässigen Anhaltspunkt; es ist der Abschluss der Reconvalescenz nicht gut festzustellen (durch das erreichte Anfangsgewicht?) und die Entlassung aus der Anstalt ist von zu vielen äusseren Umständen und individuellen Rücksichten abhängig, um daraus nur einigen Schluss zu ziehen. Desto mehr kann und darf auf die Schwere der Infection aus der **Dauer der Fieberakme** — Initium und Defervescenz ausgeschlossen — gefolgert werden, die Therapie hat hierauf keinen bedeutenden Einfluss; doch ist es von Interesse, dieses Verhalten der Akmedauer in den Fällen bei verschiedener Behandlung getrennt zu betrachten.

TABELLE 5.

| Dauer der Akme | combinirte Behandlung | streng meth. Behandlung | Bemerkung |
|---|---|---|---|
| 1 u. 2 Wochen | 172 Fälle | 174 Fälle | Bei combinirter Behandlung durchschnittlich 1,9 Wochen. Bei streng methodischer Behandlung durchschnittlich 1,8 Wochen. |
| 3 " | 39 " ⎫ | 33 " ⎫ | |
| 4 " | 12 " ⎬ 53 | 12 " ⎬ 47 | |
| 5 u. m. Wochen | 2 " ⎭ | 2 " ⎭ | |
| | 225 Fälle | 221 Fälle | |

Die durchschnittliche Dauer der Akme aller Fälle (225 + 221) von **nicht ganz 2 Wochen** erscheint den gewöhnlichen Angaben gegenüber, welche im Allgemeinen von Fieberdauer sprechen, eine etwas geringe; aber eben die Abtrennung des Initialstadiums, welches man gewöhnlich nicht mehr beobachtet, sondern nur berechnet, und die Entfieberungsperiode, welche ganz bedeutende Schwankungen macht, bedingen diese Abweichung von anderen Schilderungen. Rechnet man die Defervescenz mit ihren täglichen, oft noch hohen Abendexacerbationen auf mindestens 1 Woche und zur Akmedauer hinzu, so haben wir eine durchschnittliche Fieberdauer von 3 Wochen, mit Einrechnung des Initium sogar noch etwas länger, um circa $1/2$ Woche. Dieses Ergebniss genügt zur Beurtheilung des Charakters unserer Fälle. Es spricht ebenso wie der Zeitpunkt des eingetretenen Todes und die Zugangstemperatur keinesfalls für eine geringe Intensität.

Ein noch weiter anzuführendes Moment von sehr hoher Bedeutung ist, wie **Liebermeister** besonders hervorgehoben hat, die **Hartnäckigkeit und Dauer der Febr. continua oder subcontinua**, der Maassstab hierfür ist uns die Zahl der Bäder, die nöthig ist. Wenn einem Kranken die ganze 1. Akmewoche hindurch auf Grund 2 stündiger Messungen in 24 Stunden 12 Bäder gereicht werden müssen, d. h. wenn 2 Stunden nach jedem Bade die Temperatur schon wieder auf $39^0$ gestiegen ist, so darf man dies unbeanstandet einen schweren Typhus nennen, wenn auch ein unerfahrener Besucher ihn für einen leichten hält, weil er nicht weiss, welche Wirkungen cumulativ die fortgesetzten Bäder zu äussern vermögen. Die wenigen Fälle ausgenommen, die infolge geringen Widerstands gegen die Abkühlung starke Intermissionen zeigen, haben mehr als ein Drittel unserer Fälle eine solche hohe Continua, die nur durch die Bäder in eine tiefere Continua oder eine Subcontinua oder auch Remittens umgewandelt wird, aber sofort in ihrer reinen Form und Höhe zu Tage tritt, wenn aus irgend einem Anlass das Baden ausgesetzt wird. Es ist nicht durchführbar, an dieser Stelle die Hunderte verfügbarer Curven als Beleg dafür vorzulegen, dass sie nicht „solchen Typhen angehören", wie Gläser meint, „die unter wenig hohen Temperaturen eben regelmässig verlaufen sind, ohne sich um die betreffenden Maasnahmen zu kümmern". Es sind dies vielmehr schwere Fälle, welche in ihren Exacerbationen und dadurch auch Durchschnittswerthen um eine Stufe — auf diejenige der mittelschweren Fälle — herabgedrückt worden sind. Man kann die Einzelwirkungen der Bäder als geringe, oder besser gesagt, als kurze bezeichnen, eine Gesammtwirkung von 12 Bädern in 24 Stunden lässt sich doch nur entgegen der Theorie und Praxis in Abrede stellen; denn ein 3 stündiger Aufenthalt im kalten Bade muss doch die Durchschnittstemperatur herabsetzen. Die Curve eines an sich schon mittelschweren Typhus unterscheidet sich unter der Bäderbehandlung von derjenigen eines schweren Typhus nicht so sehr durch einen bedeutenderen Tiefstand der Exacerbationen und der Durchschnittstemperatur, als dadurch, dass zur Erreichung eines Abfalls auf ein mässiges Niveau weniger Bäder nothwendig sind, als bei den schweren Fällen, ungefähr in der 1. Woche so viel, wie dort in der 2. Woche; man darf nämlich nicht ausser Acht lassen, dass in allen Fällen, ob schwer oder mittelschwer, dieselbe Temperaturhöhe als Indication der Bäder aufgestellt ist, also nicht in mittelscheren oder leichten z. B. bei $38,5^0$ oder $38^0$ schon gebadet und Herabdrückung zur Normaltemperatur angestrebt wird.

Bekämpfung hochfebriler Temperaturen (über $39^0$) und fortgesetzte Verhütung des Ansteigens zu solchen ist die thermische Aufgabe unserer fortgesetzten Bäder, deren es mehr bedarf bei schweren, weniger bei mittelschweren und leichten Fällen. Aus der Schwierigkeit, dies zu erreichen, erschliessen wir die Schwere der Infection.

Die grosse Häufigkeit, in der sie uns entgegentritt, und die oben angeführten Momente, die durch Therapie nicht beeinflusst werden, lassen darüber keine Täuschung zu, dass wir es heute noch mit ebenso excessiv schweren Fällen zu thun haben, und dass auch die Durchschnittsintensität der Fälle jetzt noch dieselbe ist, wie damals. Einen zwingenden Beweis habe ich hierfür, dies weiss ich sehr wohl, nicht erbracht; doch das Gegentheil wird durch gar nichts gestützt, als durch geringere Mortalität unserer Fälle.

Andererseits ist der Typhus damals in denselben Formen leichter und leichtester Art aufgetreten, wie man sie heute auch kennt, aber unter anderen Namen: die zahlreichen Feb. pituit., Feb. nerv. gastr. und eine nicht kleine Zahl solcher Fälle, die, oft mit ganz stürmischen Erscheinungen zugegangen, auf Grund einer plötzlichen günstigen Wendung nach einigen Calomeldosen als coupirte Typhen verzeichnet worden sind, entsprechen den heutigen leichten und leichtesten Typhen und den Abortivformen. Mit demselben Recht, welches jetzt diese leichten Formen als Typhus bezeichnen lässt, namentlich wenn typhöse Infection naheliegt, wurden auch damals die oben genannten Formen als Unterarten des Typhus eingereiht. Dass hierbei die Diagnose heutzutage auf Grund der Temperaturbeobachtung eher enger als weiter gestellt wird, ist gewiss.

Wenn also jetzt, wie vor Decennien, dieselben Extreme von schweren und leichten Formen vorkommen, so ist die Annahme, dass das krankmachende Agens eine Veränderung erlitten habe, die es nur mehr zur Erzeugung leichterer Formen befähige, unberechtigt. Durch exspectative Behandlung wäre wohl der Beweis für oder gegen diese Hypothese am leichtesten zu erbringen; aber es wagt doch kein Arzt einen reinen Versuch mit der wirklichen Exspectative und noch weniger mit der eingreifenden Energie der Behandlung (Drastica, Venaesectionen und absolute Diät 3—4 Wochen hindurch) in den früheren Decennien, um kennen zu lernen, ob hierdurch der Verlauf ein schlimmerer und die Mortalität eine höhere werde.

Doch sind die gleichzeitigen Resultate der combinirten Behandlung im Vergleich zu denjenigen der streng methodischen Bäderbehandlung (1877/78, 1879/80, 1880/81, 1881/82) der sicherste Stützpunkt zur Beurtheilung der Sterblichkeitsdifferenz von früher und jetzt als Folge der Therapie. Eine 3 fache Mortatität, 8,8 : 2,7 Proc. (s. oben) im Ganzen und eine in den Einzeljahren der früheren gleichkommende Mortalität (18 Proc. u. s. w.), eine viel höhere Zahl von Complicationen und, wie Jeder sich überzeugen kann und muss, ein viel ausgeprägterer Status typhosus, sowie überhaupt schwererer Verlauf bei combinirter Behandlung — das sind Ergebnisse, welche auch die noch grössere Mortalitätsdifferenz zwischen der früheren mehr exspectativen Behandlung und der heutigen strengen Bademethode verständlich machen. Da die Kritik noch in mannigfachen Einwendungen gegen die gewonnenen Vergleichsresultate in den oben angeführten 4 Jahren ihre Bedenken erhoben hat, habe ich dieser noch zu entgegnen.

Unverricht setzt sich über die von ihm anerkannte Schwierigkeit, diese verrschiedenen Mortalitätsziffern bei „angeblich" gleichen Verhältnissen zu erklären, durch die Annahme hinweg, dass die Grenzen, die dem Typhusbegriff auf beiden Stationen gezogen worden sind, sich nicht vollkommen deckten. Eine einfache Berechnung aber, welche Summe unabsichtlicher oder gar absichtlicher Fehler der Diagnose sich ergeben müsste, um den Gesammtunterschied der Mortalität in den 221 Typhen mit streng methodischer Bäderbehandlung (6 Todte) und in den 225 Typhen mit combinirter Behandlung (20 Todte) zu erklären, hätte den Kritiker die Grösse seines Vorwurfs und seines Irrthums erkennen lassen.

Ich habe nicht nöthig, zu versichern, dass die Schwierigkeiten, die unter Umständen der Typhusdiagnose sich entgegenstellen, uns sehr wohl bekannt sind, aber sie sind gerade bei dem Material eines Militärlazareths entschieden seltener und geringer, als in einem Civilkrankenhause und der Privatpraxis (Miliartuberculose, Endocarditis u. s. w.). Ueberdies sind die Einträge in meine Typhuslisten auf die „Schlussdiagnose" und diese auf eine bis weit in die Reconvalescenz hinein fortgeführte genaue Temperaturcurve (die ganze Akme und Defervescenz hindurch 2- oder 3 stündige Messungen Tag und Nacht) gegründet; eine fertige Typhuscurve aber schliesst Irrthümer auch in Bezug auf die leichtesten und abortiven Formen aus.

Dem Versuche, die Mortalitätsdifferenz dieser gleichzeitig behandelten Fälle durch verschiedene Auffassung der Diagnose zu erklären, schliesst sich eine andere Vermuthung an: Port giebt an, es habe eine ungleiche Vertheilung der Typhuskranken auf die beiden Internstationen stattgefunden. Es heisst: „Die schweren Fälle, wie sie früher vorkamen, waren über die einzelnen Epidemien nicht gleichmässig vertheilt; sie häuften sich zu gewissen Zeiten und, wenn zu solchen Zeiten auf der einen Station zufällig alle Betten besetzt waren, so ging der ganze Strom der schweren Fälle auf die andere Station."

Mit diesem „wenn" und „zufällig" wird der weitere Satz: „Von einer gleichmässigen Vertheilung der schweren Fälle war natürlich keine Rede", begründet.

Wäre diese Bemängelung berechtigt, so würde damit meine Statistik ganz bedeutend erschüttert; es muss näher darauf eingegangen werden. Ich glaubte die Gleichheit des Materials in den 4 Jahrgängen auf beiden Stationen in einer Vollkommenheit gegeben, wie man sie nicht leicht herstellen könnte: gleiche Zeit und gleicher Ort der Erkrankung und Behandlung, gleiche Pflege, gleiche Ernährung des gleich beschaffenen Krankenmaterials — nur verschiedene Therapie! Dieser Einwurf, der von betheiligter Seite auch nicht einmal nur angedeutet ward, einfach weil kein Anlass war, musste daher von unbetheiligter und dem Lazareth ganz fern stehender Seite überraschen. Port hat unsere Kranken nie gesehen!

Vor der sachlichen Darstellung muss auf einige ziemlich schroffe Gegensätze hingewiesen werden, welche es erschweren, sich in diesem Einwurf zurecht zu finden. An einer früheren Stelle nämlich, wo die Abnahme der Mortalität im letzten Decennium (1876—1882), also der Zeit unserer jetzigen Beobachtung, durch das Milderwerden des Krankheitscharakters erklärt werden sollte, hat Port die Thatsache ausgerufen, dass „die schweren Fälle, wie sie früher vorkamen, immer mehr verschwunden seien und jetzt überhaupt nicht mehr vorkommen". Und hier, wo die Kritik sich die nicht leichte Aufgabe gestellt hat, den Unterschied der Mortalität auf 2 Stationen eben in demselben Decennium (1876—1882) durch etwas Anderes zu erklären, als durch die Therapie, lässt sie dieselben schweren Fälle, „wie sie früher, aber jetzt nicht mehr vorkommen", auf der einen Station sich anhäufen und hier wieder Ursache der höheren Mortalitäten sein....

Es kann in einem Lazareth vorkommen, dass die Nothwendigkeit herantritt, von einer gegebenen Bestimmung der gleichmässigen Vertheilung der Kranken im regelmässigen Wechsel auf die beiden Stationen abzugehen, und diese Möglichkeit muss bis zur näheren Aufklärung als die einzige Grundlage des Einwurfes der „natürlich" ungleichen Vertheilung bezeichnet werden.

Da ich nun keinerlei Kenntniss davon habe, die ich haben müsste, wenn wirklich während dieser Zeitperiode eine solche Nothlage in unserem Lazareth gegeben war, so muss ich dies um so entschiedener zurückweisen, als ich zeigen kann, dass die Sachlage solcher Annahme direct widerspricht.

Dass die Typhusfälle überhaupt, den Bestimmungen gemäss, in gleichmässiger Zahl auf beide Stationen vertheilt waren, zeigt die Standtabelle über das hier in Frage kommende Material:

Auf Station Int. I (combinirte Behandlung) waren in den 4 Jahren 225 Typhen;

auf Station Int. II (streng methodische Bäderbehandlung) waren in den 4 Jahren 221 Typhen.

Diese Gleichmässigkeit der Vertheilung hat sich auch annähernd in den Einzeljahrgängen erhalten:

|  | 1877/78 | 1879/80 | 1880/81 | 1881/82 |  |
|---|---|---|---|---|---|
| Auf Station Int. I | 77 mit 3 †, | 110 mit 12 †, | 16 mit 3 †, | 22 mit 2 † | = 225 mit 20 † |
| » » » II | 56 » 0 †, | 98 » 3 †, | 25 » 1 †, | 42 » 2 † | = 221 » 6 † |
| Summa | 133 mit 3 †, | 208 mit 15 †, | 41 mit 4 †, | 64 mit 4 † | = 446 mit 26 † |

Auch in den späteren Jahren zeigt sich, wie wenig von der Bestimmung abgewichen wurde: Von 1881/82—1886/87 waren auf Int. I 144 Typhen und auf Int. II 141 Typhen.

Ganz gleich, wie es die Bestimmung und die Kritik wünscht, kann man die Vertheilung der Typhen nicht erwarten, auch wenn dieselbe aufs Strengste befolgt wird; man hat es ja beim Zugang nur mit Internkranken zu thun, auf die sich die Bestimmung bezieht; wie viel davon Typhen sind, lässt sich hier noch nicht bestimmen. Und doch, glaube ich, genügt die angeführte Vertheilung der Typhen auch einer rigorosen Kritik. Sie muss sich also an die ungleiche Vertheilung der schweren und leichten Typhen halten und führt diese auf eine Anhäufung der schweren Fälle am Höhenpunkt einer Epidemie zurück, mit welcher dann auf der einen Station Platzmangel und auf der anderen der ganze Zustrom dieser schweren Fälle stattgefunden haben soll.

Nun ist in den obigen 4 Jahrgängen der Typhus nur einmal (1879/80) als Epidemie aufgetreten und gerade in diesem Jahrgang ist die Vertheilung der Typhen eine fast gleiche gewesen, und was die schweren Fälle betrifft, so müssten nach der obigen Behauptung der ungleichen Vertheilung um 9 tödtliche und eine entsprechende Zahl schwerer, aber genesener Fälle mehr auf die Int. I Station zugeführt worden sein, als auf die Int. II Station.

Dass zur Zeit der Höhe der Epidemie ein Platzmangel eingetreten, auch nur einen Tag lang, davon wissen die ordinirenden Collegen so wenig wie ich; dass, wenn er eingetreten sein sollte, er sich jedenfalls früher und in höherem Grade auf Int. I Station, welche nur über 1 Baracke verfügt, als auf meiner Station (Int. II) mit 2 Baracken fühlbar gemacht und dann auf letztere die Masse der schweren Typhusfälle, zur Zeit des Höhenpunktes der Epidemie, gelenkt hätte, dies halte ich für „natürlicher", als das ohne jeden Nachweis aufgestellte Gegentheil.

Ebenso wie in dem genannten Epidemiejahre 1879/80 war auch in den übrigen Jahrgängen (ohne Epidemie) bei wenig Verschiedenheit der Typhuszahl eine constante Mortalitätsdifferenz; es musste sich also alle 4 Jahre der Zufall wiederholen, dass auf der Höhe der Endemie i. e. der Morbidität immer auf den 2 Baracken der Int. II Station Platzmangel und auf Int. I infolge davon die Anhäufung der schweren Fälle eingetreten ist. Da aber doch die Zahl der Typhuskranken im Ganzen eine gleiche auf beiden Stationen war (225 : 221), so müsste jedenfalls immer wieder ein numerischer Ausgleich stattgefunden haben, und zwar in der Weise, dass auf der Tiefe der Epidemie oder der Morbidität sich der ganze Strom der leichten Typhusfälle der Int. II Station zugewendet hätte.

Bis weitere Einwände mit weniger Zwang und mehr Sachtreue das Gegentheil sicher stellen, muss ich die volle Gleichheit der Vertheilung der schweren und leichten Fälle auf beide Stationen entschieden behaupten, die noch besonders durch den oben gegebenen Nachweis gestützt wird, dass Temperaturverhältnisse und Dauer der Akme unserer Typhen auf beiden Stationen die gleichen waren. Da auch die übrigen Factoren — Alter, Beruf, Verpflegung — nicht verschieden waren, so besteht nur ganz allein eine Ungleichheit in der Therapie und ihren Erfolgen. Deren Verschiedenheit fordert aber keine Rechtfertigung heraus, weil sie auch keinen Grund zu Vorwurf oder Tadel in sich schliesst. Man kann es nur anerkennenswerthe Zurückhaltung nennen, wenn Aerzte, das erste Mal vor den Versuch einer so eingreifenden Behandlungsmethode, wie die Brand'sche, gestellt, nicht gleich zu ihrer vollen Ausnützung gelangen: sie sehen mancherlei individuelle Contraindicationen gegen die Bäder und besonders gegen deren Strenge und werden so, im Drange zum Handeln, zur medicamentösen Antipyrese getrieben, bis sie erst, von der Gefahrlosigkeit der Bäderbehandlung überzeugt, deren höchste Leistungsfähigkeit zu verwerthen lernen.

Ich habe denselben Weg der Vorsicht und selbständigen Erfahrung durchschritten und in den ersteren Jahren meiner Versuche keine besseren Erfolge gehabt, als später meine Collegen.

Unter diesem Gesichtspunkt habe ich auch keinen Anstand genommen, mit meinen günstigeren Erfahrungen hervorzutreten, da ich gewiss war, dass sie von dieser Seite weder angegriffen, noch missdeutet werden würden; es handelt sich ja überdies nicht um Leistungen meiner Therapie, sondern der Brand'schen!

Schliesslich beschäftigt sich die Port'sche Kritik noch mit dem „Zufall" in der Mortalität und Anderem[1]), was am schicklichsten in einer allgemein gehaltenen Erwiderung erledigt wird.

---

1) Nicht die Bedeutung des Einwurfes, sondern die Wahrung meiner Statistik macht es mir zur Pflicht, hier über einen Todesfall Aufklärung zu geben, der im

Wenn es als unzulässig erklärt und nachgewiesen wurde, dass die Kritik nur auf Grund der vorliegenden Todtenliste über Schwere der Krankheit und den Werth einer Therapie ihr Urtheil spricht, so liegt es mir andererseits fern, in Abrede zu stellen, dass unter dem Einfluss zahlreicher Factoren die Einzelfälle einen schwereren Verlauf und damit eine Epidemie einen schlimmeren Charakter annehmen können.

Darunter ist es vor Allem die Jahreszeit, welche auf die Höhe der Mortalitätsziffer ganz entschieden rückwirkt; keine Therapie kann einen solchen Einfluss lähmen; so lange sie noch mit Misserfolgen zu rechnen hat, wird derselbe in der Zahl der Sterbefälle sich erkennbar machen. Beim Münchener Typhus verlaufen die Fälle von je her im Winter schwerer, als im Sommer, bei combinirter Behandlung sowohl, als bei streng methodischer Bäderbehandlung; in nur ganz vereinzelten Jahrgängen hat der Sommer eine höhere Sterblichkeit zu verzeichnen gehabt, als der Winter, und zwar auch hier bei jeder Behandlungsweise. Es scheint mir nun doch zu viel verlangt, dass die eine Therapie, welche sich besserer Erfolge rühmt, dieses Verhältniss ändern oder gar umkehren, d. h. eine geringere Mortalität da aufweisen sollte, wo äussere Verhältnisse, wie die Jahreszeit, dem Krankheitsverlauf ungünstiger sind; es genügt vielmehr, dass eine Therapie sich darin als die vorzüglichere erweist, dass sie im Winter und im Sommer ihre Mortalität tiefer stellt, als eine andere.

Unsere gleichzeitig, aber verschieden behandelten Fälle ergeben das Resultat der Tab. 6 (S. 30).

Aus dieser Zusammenstellung geht nicht blos die Bestätigung obigen Satzes hervor, dass auch in den verschiedenen Jahreszeiten die Differenz die gleiche war und bei methodischer Behandlung während dieser 4 Jahre kein einziger Todesfall im Sommer eingetreten ist, sondern es zeigt sich auch wieder die geringe Zusammen-

---

Sommer 1877 „aus Versehen der combinirten Behandlung eingereiht" worden sein soll. Die dienstlichen Belege lassen ersehen, dass während meiner 6 wöchentlichen Abwesenheit im Sommer 1877 die Int. II Station vom Ordinirenden der Int. I Station übernommen, folglich auch die Typhen nach der auf dieser gehandhabten „combinirten Methode" behandelt wurden; darunter war auch dieser Fall; er betraf einen Kriegsschüler. Er war vom Tage der Aufnahme bis zu seinem Tode mit medicamentöser Antipyrese und nur einzelnen Bädern behandelt worden, und somit wäre es geradezu eine Fälschung gewesen, diesen Todesfall, sowie auch die gleichzeitig genesenen Typhen der Int. II als „streng methodisch" behandelt anzuführen. Dieser Umstand war der Kritik entgangen, sonst hätte sie dieses „Versehens" nicht Erwähnung gethan!

## Tabelle 6.

Jahrgänge 1877/78, 1879/80, 1880/81, 1881/82.

| Jahreszeit | Combinirte Behandlung | Zahl d. Todt. | Proc. der Todten | Streng methodl. Bäderbehandlung | Zahl d. Todt. | Proc. der Todten | Summe der Fälle | Zahl d. Todt. | Proc. der Todten |
|---|---|---|---|---|---|---|---|---|---|
| Winter (October-März) | 121 Fälle | 17 | 14,0 | 125 Fälle | 6 | 4,8 | 246 | 23 | 9,3 |
| Sommer (April-September) | 104 „ | 3 | 2,8 | 96 „ | 0 | 0,0 | 200 | 3 | 2,8 |
|  | 225 Fälle | 20 | 8,8 | 221 Fälle | 6 | 2,7 | 446 | 26 | 5,8 |

gehörigkeit der Morbiditäts- und Mortalitätsfrequenz; der Unterschied der ersteren nach der Jahreszeit (246:200) steht doch in gar keinem Verhältniss zur Mortalitätsdifferenz von 6,5 Proc. Letzteres tritt noch auffallender hervor in den hier nicht einbezogenen Jahrgängen 1876/77 und 1878/79, in welchen auf den 2 Stationen (combinirte Behandlung) in den beiden Sommern zusammen 400 Typhen mit 7,5 Proc. Mortalität und in den beiden Wintern 142 Typhen mit 6,3 Proc. Mortalität in Behandlung gestanden hatten; also kann auch hier nichts weniger als von einem bestimmenden Einflusse der Morbidität auf die Mortalität gesprochen werden.

Somit dürften alle statistischen Einwände besprochen und erläutert sein; ich muss nochmals darauf zurückkommen, dass die Zahlen unverändert den Rapporten entnommen und in die Statistik eingesetzt worden sind, ohne damit die Zumuthung stellen zu wollen, dass aus den kleineren Posten eines Einzeljahrganges der Vorzug der betreffenden Therapie entnommen werde. Nur die Gesammtheit und die Ständigkeit der Ergebnisse möge als die Ueberlegenheit der streng methodischen über die combinirte Bäderbehandlung und dieser beiden über die Therapie der früheren Perioden gedeutet werden.

Einer überzeugenden, durchdringenden Wirkung der in so grosser Zahl und Verlässigkeit vorliegenden Berichte aus Deutschland, Oesterreich und Frankreich über den Werth der Hydrotherapie des Typhus hat sich die theoretische Streitfrage über das Fieber und seine Gefahr oder seinen Nutzen hinderlich entgegengestellt, um so mehr, als die öffentliche Meinung die Reaction gegen die „Temperaturerniedrigung um jeden Preis" nicht auf die medicamentöse Antipyrese, sondern ganz ausschliesslich auf die Bäderbehandlung bezogen hat und noch bezieht. Und gerade diese kann nicht davon betroffen werden; sie findet in keiner der gegenüberstehenden Fiebertheorien eine Gegenanzeige.

Im Satze Gläser's: „Die viel umstrittene antipyretische Behandlung des Typhus beruht auf der Voraussetzung, dass die Erhöhung der Körpertemperatur das wesentliche lebensgefährdende Element dieser Krankheit sei. Mit dieser Voraussetzung steht und fällt jene Behandlung!" findet dieser Irrthum eine offene Vertretung, weil er ganz besonders gegen die Hydrotherapie gerichtet ist, die Gläser einen Zweig der Antipyrese nennt. Der gründlichsten Widerlegung begegnet die Anwendung dieses Satzes auf die Hydrotherapie gerade da, wo er seinen Ausgang genommen. Naunyn weicht ab von der Theorie Liebermeister's über die Gefahr der Hyperthermie, spricht sich aber doch mit aller Entschiedenheit für „die von dieser Theorie anscheinend getragenen Therapie" aus und würde es „als schlimmen Rückschritt beklagen, wenn die hydriatrische Behandlungsmethode wieder in Vergessenheit käme".

Eine solche Uebereinstimmung auf dem Boden der Praxis entzieht den theoretischen Gegensätzen Liebermeister's und Naunyn's den bestimmenden Einfluss auf unser Verhalten am Krankenbette. Es darf daher — mit Umgehung der selbständigen Beobachtungen Gläser's über die Gefahrlosigkeit der Hyperthermie — sich sofort den Bedenken zugewendet werden, die derselbe meinen therapeutischen Mittheilungen entgegenhält.

Es wurde meinerseits (1885) der früheren Arbeit Gläser's keine Erwähnung gethan, nicht aus Geringschätzung, sondern weil ich mich zur Kritik nicht berufen fühle, und weil das, was derselben entgegenzuhalten ist, ihre Unverwendbarkeit zu therapeutischen Schlussfolgerungen, schon von anderer Seite, von Mayer, Fiedler, in treffender Weise ausgesprochen war. Jetzt muss ich dieselbe berühren, soweit es zur vergleichenden Werthschätzung der Erfolge der Hydrotherapie einerseits und der exspectativ-symptomatischen Behandlung andererseits geboten erscheint. Ein Erfolg der Gläser'schen Arbeit war die fast allgemeine Meinung, dass im Hamburger Krankenhause die exspectative Behandlung des Typhus in einer grossen Reihe von Jahren die gleichen oder gar noch bessere Resultate gegeben habe, als die Brand'sche Bäderbehandlung. Man kann nicht genug eine so arge Täuschung bekämpfen.

Eine Behandlung im Sinne einer wirklichen Exspectative, die sich in Beschränkung auf Ernährung, Verpflegung und höchstens noch Darreichung eines indifferenten Medicaments zusehend verhält, wird durch einen 2—4 wöchentlichen Verlauf eines mittelschweren oder schweren Typhus wohl von keinem Arzte durchgeführt und war auch in Hamburg auf keiner Abtheilung bethätigt.

Die Hydrotherapie nennt sich die symptomatische Behandlung in erster Linie, weil sie durch die vereinte Wirkung ihrer verschiedenen wärmeentziehenden und anregenden Proceduren alle Symptome des Fiebers und der Infection zugleich zu bewältigen vermag; sie beherrscht die krankhaften Erscheinungen des Nervensystems, des Kreislaufes, des Darmtractes, der Haut u. s. w. Die im gewöhnlichen Sprachgebrauche heute als symptomatisch bezeichnete Typhusbehandlung aber steht der früheren symptomatischen Behandlung, welche medicamentös den Gehirn-, Lungen- und Darmerscheinungen u. s. w. entgegengetreten ist, viel ferner, als der Hydrotherapie; sie mässigt einzelne dieser Erscheinungen durch die einzelnen Proceduren der letzteren, sobald ihr Indicationen gegeben scheinen, und kann daher schon an sich nicht zur methodischen Bäderbehandlung in directen Gegensatz gestellt werden; denn sie bedient sich der gleichen Mittel (Eisbeutel, kalte Waschungen, Wickelungen, ohne oder mit innerer Antipyrese), und je mehr sie dies thut, desto mehr nähert sie sich derselben auch im Erfolge. Um zu zeigen, wie im Gläser'schen Vergleichsmaterial dieser Gegensatz bedeutend abgeschwächt ist, soll hier nur kurz die Durchführung des Versuches im Hamburger Krankenhause angegeben werden: es wurde in 4 Jahrgängen auf 4 Abtheilungen die „streng methodische Bäderbehandlung", dann in 4 Jahrgängen auf 2 Stationen eine „nicht strenge", auf den beiden anderen Stationen, „keine Wasserbehandlung" durchgeführt; diese letzteren 4 Jahrgänge wurden mit ihren Ergebnissen auf allen 4 Abtheilungen in eine Gruppe „als symptomatische Behandlung" zusammengefasst und mit den 4 Jahrgängen bei „streng methodischer Behandlung" in Vergleich gezogen. Darin liegt schon ein nicht geringer Verstoss gegen die Bedingungen einer brauchbaren Statistik. Welche Behandlung Gläser selbst in der II. Periode geübt, ist nicht zu ersehen, da die von ihm geleitete Abtheilung nicht benannt ist.

In Unterlassung einer Wiedergabe der näheren Vollzugsvorschriften dieser 3 Behandlungsweisen muss ich vor Allem darauf bestehen, dass die „streng methodische Bäderbehandlung", wie sie in der I. Periode geübt wurde, nur wenig mit „Brand" gemein hat. Abgesehen davon, dass jeder Satz und jedes Wort des gegebenen Schemas Spielraum für Aenderung und Milderung gewährt, bleibt dasselbe schon in seiner strengsten Durchführung hinter einer „strengen Methode" weit zurück.

Gläser mag sich noch so sehr sträuben, das kann er doch nicht umstossen, dass es nur die Hälfte ist, wenn man statt Tag und Nacht nur bei Tag badet und statt 12 Bäder nur 6 reicht; bedenkt man noch, dass die Badeeffecte während der Nacht viel ergiebiger sind, weshalb von Liebermeister und zum Theil auch von v. Ziemssen die Nachtbäder vorgezogen werden, so entfernt sich die hier in der I. Periode geübte Behandlung von einer strengen Bademethode noch weiter; es ist überdies zu beklagen, dass sich auch nicht einmal ungefähr darüber ausgesprochen wurde, wie viel Bäder auf den Einzelfall treffen, was doch andere Berichte über Bäderbehandlung wissen lassen. Auch fehlt darüber Aufklärung, ob wirklich in der ganzen Periode auf allen 4 Abtheilungen die medicamentöse Antipyrese ausgeschlossen war; wenn nicht, dann verliert das Material jede Bedeutung für einen Vergleich zwischen einer „strengen Wasserbehandlung" und einer „symptomatischen Behandlung".

Was die Instruction über die letztere, die als Behandlung „ohne Wasser" angeführt ist, betrifft, so ist ihr zu entnehmen, dass „ausnahmsweise" warme Bäder (27—28⁰ R.) gereicht wurden bei Schlaflosigkeit und grosser Aufregung, kalte Wickelungen des Thorax bei Bronchitis (nach Bartels) gemacht und schliesslich den Kranken Wasserkissen untergelegt wurden. Wie oft diese Ausnahmen Platz gegriffen haben, ist aus den Mittheilungen auch nicht zu ersehen. Aber in einer späteren Abhandlung im Jahre 1885 „Ueber 102 ohne Wasser oder sonstige Antipyrese behandelte Typhusfälle" führt Gläser 26 kurze Krankengeschichten als Beleg für die Schwere dieser Fälle an und lässt dabei die Wahrnehmung machen, dass hier die oben erwähnten Ausnahmen wirklich sehr häufig gegeben waren: es sind nämlich von den 26 Fällen 18 mit schweren Hirnsymptomen und intensiven Bronchitiden oder Pneumonien verbunden gewesen — Erscheinungen, die für die ausnahmsweise Anwendung der Kälte eine Indication geboten haben; auch Chinin war in einigen dieser „ohne Wasser und sonstige Antipyrese" behandelten Fälle längere Zeit und sogar einmal in grossen Dosen angezeigt und angewendet!

Da überdies Schlaflosigkeit und grosse Aufregung im Typhus keine Ausnahmssymptome sind, so darf man gewiss in den während der II. Periode behandelten Fällen auch die Bäder nicht als Ausnahme, sondern eher als Regel betrachten, so dass vielleicht jeder Kranke im Durchschnitt Abends mindestens 1 Bad (27—28⁰ R.) erhalten hat, was immerhin eine antipyretische Gesinnung und Behandlung bedeutet, ebenso wie eine Wickelung nach Bartels und die Lagerung des Kranken auf ein gewiss nicht mit warmem Wasser gefülltes Kissen.

Dieser Behandlungsweise steht noch eine in derselben Periode auf 2 Abtheilungen geübte zur Seite; von ihr heisst es, dass „noch weiter gebadet wurde, aber bei weniger kalten Bädern", und doch steht diese Behandlung (auf Abtheilung III und IV) mit der Behandlung „ohne Wasser" (auf Abtheilung I und II) vereint der ganzen I. Periode gegenüber mit der schon erwähnten sog. „strengen Bäderbehandlung" (auf Abtheilung I, II, III, IV).

Unter solchen Verhältnissen kann man sich schwer dazu entschliessen, die Grenzen anzuerkennen, die Gläser zwischen I. und II. Periode, als den Zeiträumen entgegengesetzter Behandlungsmethoden, gezogen hat; es wäre von grossem Interesse, zu wissen, ob auch die übrigen leitenden Aerzte ihre Behandlung in der I. Periode als eine streng methodische nach Brand und die in der II. als Therapie „ganz oder theilweise ohne Wasser" bezeichnet und aufgefasst wissen wollen. Da hierüber keine Andeutungen gegeben sind, so liegt die Annahme sehr nahe, dass sich dieselben, wie auch Gläser, aus den zahlreichen Abstufungen der sog. strengen Methode in der I. Periode ein Verfahren geschaffen haben, welches sich von der sog. „symptomatischen Behandlung" der II. Periode mit ihren weitgehenden Uebergriffen in die Hydrotherapie nicht gar viel unterschieden hat.

Die Mortalität daselbst spricht ebenfalls sehr dafür. Nach meiner Berechnung verhielt sich diese folgendermaassen:

Totalmortalität 7,2 Proc.

In der I. Periode (1870—1873) Mortalität 7,2 Proc. (strenge Bäderbehandlung).

In der II. Periode (1874—1877) Mortalität 7,2 Proc.,
Abtheilung III und IV Mortalität 7,2 Proc. (nicht strenge Bäderbehandlung),
Abtheilung I und II Mortalität 7,2 Proc. (ohne Bäder).

In einer Kleinigkeit weicht meine Rechnung von der Gläserschen ab, insofern, als dieser für die I. Periode eine Mortalität von 8,4 Proc. angesetzt hat; dies muss erläutert werden, weil hierbei eine auffällige Erscheinung zu Grunde liegt. Es ist nämlich die Mortalität gerade auf einer Abtheilung (I) eine ungleich höhere, als auf den übrigen, und zwar nicht blos im Durchschnitt aus den 4 Jahrgängen (12,6 Proc.), sondern in jedem der einzelnen Jahrgänge (10,6, 12,5, 14,1, 13,3 Proc.), während auf den übrigen Abtheilungen durchschnittlich die Mortalität aus den 4 Jahrgängen weit hinter jener zurückblieb (8,1 Proc. II. Abtheilung, 6,8 Proc. III. Abtheilung, 6,8 Proc.

IV. Abtheilung) und in allen Jahrgängen nur einmal die Mortalität 10 Proc. um 1,5 Proc. überschritten hat (11,5 Proc. im Jahre 1871, Abtheilung III).

Man kann die constant fatalen Erfolge auf dieser einzelnen Abtheilung, welche in der Gesammtberechnung der Mortalität der Periode I den Ausschlag geben zu Ungunsten der Bäderbehandlung, nicht dieser zuschreiben, da die Resultate auf den anderen Abtheilungen so sehr viel besser waren; es musste hier eine besondere Ungunst der Verhältnisse vorgelegen haben, entweder in der Localität oder in der Beschaffenheit des Krankenmaterials, denn auch in dem der Periode I vorangegangenen, aber hier nicht eingerechneten Halbjahr (1869) war schon die Mortalität auf dieser Abtheilung noch einmal so hoch (11,1 Proc.), als auf den anderen 3 Abtheilungen (durchschnittlich 5,3 Proc.). Erst in der II. Periode (Behandlung „ohne Wasser") ging die Mortalität auf Abtheilung I herunter, aber auch hier nicht zur Durchschnittszahl der anderen Stationen (7,1), sondern blos auf 7,8 Proc.; nur eine Station hatte noch mehr (8,3 Proc., Abtheilung III). Lässt man die Abtheilung mit ihren in beiden Perioden ungünstigen Zahlen ausser Rechnung, so ergiebt sich aus den anderen 3 Abtheilungen die Mortalität von 7,2 Proc., also doch wenigstens keine höhere Mortalität, als in der folgenden Periode der Behandlung „ohne Wasser" oder „nicht streng mit Wasser".

Wir haben somit vollkommene, bezw. (mit Abtheilung I) annähernde Gleichheit der Mortalität in diesen beiden Perioden, die sich mit den Gegensätzen einer streng methodischen Bäder- und einer exspectativ-symptomatischen Behandlung nicht verträgt. Eine um mehrere Procente höhere Mortalität bei der Bäderbehandlung wäre viel eher einer Erörterung zugängig gewesen, als eine der exspectativen Behandlung gleichwerthige; denn indifferent wird die Brand'sche Methode Niemand nennen; sie kann nur nützen oder schaden.

Da die übrigen Verhältnisse in allen Jahrgängen auf den Abtheilungen (mit Ausnahme der I. Abtheilung) gegenseitig die gleichen waren, so kann eine Gleichheit der Ergebnisse wenigstens keine grosse Ungleichheit der Therapie annehmen lassen; sie ist vielmehr eine Bestätigung der der Gläser'schen Darstellung auf den ersten Blick zu entnehmenden Uebereinstimmung und Verschmelzung der verschiedenen Behandlungsweisen aller Jahrgänge und Abtheilungen. Ihr Gesammtergebniss ist immerhin (7,2 Proc.) ein ganz günstiges und auch die Schwankungen zwischen den einzelnen Jahrgängen und Abtheilungen sind keine besonders grosse zu nennen; das absolute Maximum war 11,5 Proc. (Abtheilung III) oder, wenn Abtheilung I eingerechnet wird, 14,1 Proc. Alles stimmt zu dem Verhalten, wie wir es bei unserer „combinirten Behandlung" (Mortalität 7,6 Proc.) beobachtet haben, und deshalb glaube ich auch keinen Anstoss zu erregen, wenn ich die Behandlung im Allgemeinen Krankenhause zu Hamburg vom Jahre 1870—1877 auf den 4 Abtheilungen im grossen Ganzen als eine „symptomatische, nicht strenge Bäderbehandlung" bezeichne. Dies ist unsere „combinirte Bäderbehandlung" auch infolge der eingeschobenen antipyretischen Medicamente; sind diese in Hamburg ebenfalls gebraucht worden (I. und II. Periode), so ist die Identität eine vollendete. Nur unter dieser Auffassung kann das Gläser'sche Material als Ganzes aus allen 8 Jahrgängen mit einer Mortalität von 7,2 Proc. zum Vergleiche verwerthet werden, einerseits mit den Ergebnissen der früheren exspectativ-symptomatischen Behandlung ohne jede Kälteanwendung bei einer Mortalität von 18 bis 20 Proc., und andererseits mit den Ergebnissen unserer thatsächlich streng methodischen Bäderbehandlung bei einer Mortalität von 3 Proc., wie ich sie als Durchschnittsmortalität der letzten 12 Jahre aufweisen kann. Es wird damit wirklich der Beweis geliefert, dass man schon mit einer unvollkommenen Bäderbehandlung die Mortalität entschieden herabsetzen kann, mit erhöhter Strenge der Methode aber noch weitere Erfolge erringt — ein Beweis, dem sich Gläser allerdings bis jetzt noch verschliesst. In seiner jüngsten Arbeit giebt er zwar zu, dass die Bäderbehandlung in ihren Anfängen eine Herabsetzung der Mortalität zur Folge hatte, die ihn selbst vorübergehend bestochen habe; da nun nach den Erfahrungen die Antipyrese der Grund hiervon nicht sein könne, ein Grund aber doch vorhanden sein müsse für jene geringen Mortalitäten, so findet Gläser einen solchen im Zusammentreffen der anfänglichen Erfolge mit „einer durch kosmische Ursachen bedingten absteigenden Tendenz einer allerdings vorläufig noch imaginären Curve".

In dieser Deutung der Sterblichkeitsabnahme hätten wir somit ein zweites „Heilbarkeitsgesetz" zu begrüssen, welches dem früheren über Grundwasser aufgebauten ausserordentlich ähnelt, nur mit dem Unterschied eines sympathisch berührenden Geständnisses der Imagination. Solchen milden Gesetzen gegenüber kann jede Therapie, also auch die streng methodische Bäderbehandlung, ihre Erfolge mühelos in Geltung erhalten.

Dann meint Gläser aus den „grassen Gegensätzen der Anschauungen über die Wirkungsweise der Wärmeentziehungen" deren Wirkungslosigkeit erschliessen zu können und fordert zur Begründung der getheilten Meinungen auf. Die Aufklärung meinerseits sei mit der

Bemerkung eingeleitet, dass ich im Interesse der Sache und in achtungsvoller Anerkennung der Autorität Liebermeister's als Lehrer für Jeden, der auf diesem Gebiete sich umgesehen, eine Abweichung von dessen Standpunkte beklagen würde. Zu meiner Befriedigung kann ich die vermeinten Gegensätze auf ein Missverständniss Gläser's zurückführen. Mit Nachdruck hat Liebermeister darauf hingewiesen, dass die Kaltwasserbehandlung nur in sehr beschränktem Maasse das Ergebniss theoretischer Ueberlegungen und nicht auf Grund der Fiebertheorie eingeführt worden sei. Man darf wohl sagen, Liebermeister hat die Gefahr der Ueberhitzung aus der Gefahrlosigkeit des Fieberverlaufes unter der Abkühlung abgeleitet; um letztere Thatsache handelt es sich also und diese erkennt auch Naunyn als empirisch festgestellt an, obwohl er ersterer theoretischer Folgerung widerspricht.

Im Vollzuge der Antipyrese geht Liebermeister von der Absicht aus, den Kranken nicht durch fortgesetzte Badeproceduren zu ermüden, muss also, um die Wirkung des kalten Bades zur Entfaltung zu bringen, desto energischer mit seinen blos zur Nachtzeit gereichten Bädern vorgehen; dabei kommt ihm die auch im Fieber erhaltene Tendenz der Temperatur zu Morgenabfällen und eventuell ein abendlich gereichtes medicamentöses Antipyreticum zu Hülfe. Je vollständiger dieser Morgeneffect, desto mehr ist es zulässig, den folgenden Tag hindurch das Baden zu erlassen.

Brand hat ohne Thermometer als der Erste den Weg der Methode in der Hydrotherapie des Typhus betreten, also ebenfalls nicht auf dem Boden der theoretischen Voraussetzung einer Gefahr in einer bestimmten Höhe oder Dauer der Temperatur. Auf Grund der Beobachtung einer raschen Umwandlung des Objectiv- und Subjectivbefindens des Kranken auf das Bad und eines unausbleiblichen Rückfalles nach verklungener Badewirkung reicht Brand seine Bäder fortgesetzt, d. h. bei wieder eingetretener Indication durch eine bestimmte Temperatur, mit welcher der Rückfall sich einleitet, und ist damit der Nothwendigkeit enthoben, um jeden Preis grosse Morgenremissionen zu erzielen.

In rückhaltloser Befolgung der Brand'schen Vorschriften habe ich die mich so sehr befriedigenden Erfolge erzielt und auf Grund dieser es als Aufgabe bezeichnet, man müsse seine Erwartungen auf geringen Hochstand der Exacerbationen und nicht auf recht steile Abfälle richten; ich bekenne, dass ich dadurch zum Theil an dem Missverständniss Gläser's Schuld trage; es wäre klarer ausgedrückt gewesen, wenn ich der Liebermeister'schen Absicht, eine möglichst vollständige Intermission (am Morgen) zu erzielen, den Vorschlag gegenübergestellt hätte, man solle recht häufige (2-, bezw. 3 stündige) Remissionen, wie sie eben dem Effecte eines Einzelbades entsprechen, anstreben, deren naturgemässe Folge dann allerdings der geringere Hochstand der Exacerbationen sein müsse im Vergleich zu dem unaufgehaltenen höheren Ansteigen der Tagestemperatur nach der erreichten Morgenintermission Liebermeister's.

So liegt nichts Weiteres vor, als eine Meinungsverschiedenheit über die grössere Zweckmässigkeit dieser oder jener Badeprocedur, als deren gemeinschaftliches Ziel die Herabsetzung der durchschnittlichen Tagestemperatur (aus 24 Stunden) auf eine mässige Höhe gesetzt ist.

Ebenso wie, unabhängig von theoretisch noch unerledigten Fragen, die meisten Kliniker dahin übereinstimmen, dass im Ganzen.Temperaturerhöhung und Schwere der Krankheit zusammengehen (Ausnahmsfälle bei Inanitionszuständen u. s. w. sind ja damit nicht abgesprochen), muss auch in diesem Gelingen, die 24 stündige Durchschnittstemperatur zu mässigen, ein therapeutischer Erfolg gesehen werden, weil die gleichzeitige Besserung aller Symptome ein Beweis dafür ist, dass wir mit der Herrschaft über die Temperatur eine solche über die Krankheit gewonnen haben; dieselbe bleibt uns gesichert, so lange wir von einem Tag zum anderen einen, wenn auch noch so kleinen Abfall der Durchschnittstemperatur aus 24 Stunden erzwingen können.

Dies als Antwort auf Gläser's Frage, was denn dazu berechtige, eine durchschnittlich um 1° tiefer, als bei indifferenter Behandlung verlaufende Fiebercurve für ungefährlich und erstrebenswerth zu erklären.

Ich schliesse die Erwiderung der erhobenen Einwände ab mit der Aufrechthaltung der Sätze meiner früheren Arbeit in ihrem ganzen Umfang sowohl, als in ihren Folgerungen:

Der endemische Typhus in hiesiger Garnison hatte vom Jahre 1841 an (Beginn meiner Aufzeichnungen) 20 Jahre lang eine fast ununterbrochene bedeutende Höhe der Morbidität; dann trat vom Jahre 1859 auf 1860 eine ebenso plötzliche als bedeutende (fast bis auf ein Viertel) Verringerung derselben ein, welche auf dieser Stufe, einige schwere Epidemien abgerechnet, die nächsten 20 Jahre hindurch verharrte; erst mit dem Jahre 1880 legte der Typhus seinen endemischen Charakter ab.

Die Mortalität stand in den ersten 20 Jahren der Morbidität entsprechend hoch, blieb aber auch bei dem grossen Abfall der Mor-

bidität fast unverändert bis zum Ende der 60er Jahre, d. h. dem Jahre 1868, dem Beginn der Kaltwasserbehandlung; sie betrug bis dahin, d. h.
vor Kaltwasserbehandlung durchschnittlich *20,7 Proc.*; von da ab bis 1882, d. h.
nach Kaltwasserbehandlung durchschnittlich *12,6 Proc.*
Bei fortgesetzt hoher Morbidität, fast gleich der vor Kaltwasserbehandlung, war der Abfall der Mortalität in gleichem Schritt mit der Ausdehnung und Vervollkommnung der Hydrotherapie gegangen:
Vom Beginn derselben bis zur systematischen Einführung *15,2 Proc.*
Von Einführung an (1872—1882) *6,5 Proc.*

Diese 6,5 Proc. sind berechnet aus *7,6 Proc.* bei combinirter Behandlung (Bäder mit Chinin) und aus *2,7 Proc.* bei streng methodischer Bäderbehandlung. Fügt man hierzu noch die seit jener Zeit verflossenen 5 Jahrgänge (1882—1886) mit streng methodischer Bäderbehandlung und einer Durchschnittsmortalität von 3,5 Proc., so ergiebt sich für die streng methodische Bäderbehandlung (nach Brand) innerhalb 12 Jahren eine durchschnittliche Mortalität von *3 Proc.*, somit eine Differenz von der Mortalität *vor* der Bäderbehandlung um *17,7 Proc.*

Die Deutung dieses beträchtlichen Abfalles der Sterblichkeit in der Periode nach Einführung der Bäderbehandlung von 1868 an, als Folge einer mit dem Seltenerwerden des Typhus sich vollziehenden Milderung des Krankheitscharakters ist ein Irrthum, weil sie auf unrichtigen Voraussetzungen fusst: die Mortalität geht nicht im Parallelismus mit der Morbidität, sie ist vielmehr abgefallen bei noch lange unverändert fortbestehender hoher Erkrankungsziffer und umgekehrt, und dann ist sie nicht der Ausdruck der zeitlichen Schwere der Infectionen, denn ihr Abfall war ausschlaggebend und constant nur auf der einen Station, auf der anderen hatte gleichzeitig eine grössere Reihe von Jahren hindurch die Sterblichkeit gleich gestanden derjenigen vor der Bäderbehandlung.

Die Deutung der Verschiedenheit der Sterblichkeit auf 2 Stationen in den gleichen Jahren nach Einführung der Bäderbehandlung als Zufall und Wirkung anderer kleinlicher Factoren ist durch die Grösse der Differenz und die offene berichtigende Darlegung des Sachverhaltes, wie ich glaube, hinfällig und gegenstandslos gemacht.

Den mannigfachen Bedenken gegen die Statistik ist nicht die mindeste Berechtigung zu entnehmen, den Schlusszahlen derselben eine von der früheren verschiedene Deutung zu geben. Es muss daran festgehalten werden, dass *der Abfall der Sterblichkeit vom Jahre 1868, bezw. vom Jahre 1875/76 an mit keinem anderen ursächlichen Factor zusammenhängt, als mit dem Beginn, bezw. der systematischen Einführung der Kaltwasserbehandlung und dass die Verschiedenheit der Sterblichkeit auf 2 Stationen nach Einführung der Kaltwasserbehandlung ganz allein durch die verschiedene Strenge der Anwendung dieser Therapie erzeugt ist.*

## II.

Von Debatten, welche sich der Hauptsache nach blos um Angriff und Vertheidigung einer mehr oder weniger hohen Mortalitätsziffer bewegen, ist die Feststellung des Werthes einer Therapie nicht zu erhoffen; einem verneinenden Gesichtspunkte ergeben sich in jeder Statistik Angriffsobjecte. Es ist deshalb vorzuziehen, den Einzelbeobachtungen die Beweismittel zu entnehmen für die Richtigkeit dessen, was überzeugend darzuthun statistischen Zahlen schwerer gelingt.

In Nachstehendem soll versucht werden, einen Einblick in den klinischen Verlauf uncomplicirter Typhen zu geben, wie dieser sich unter dem Einflusse der streng-methodischen Bäderbehandlung im Gegensatze zu anderen Behandlungsarten gestaltet hat.

Es ist hierbei die Wiederholung längst gekannter Thatsachen unvermeidlich, doch sollen ja diese Mittheilungen eben ihre erneute Bestätigung sein und zugleich eine Aufforderung zur weiteren Prüfung und zum Versuche. Die Kritik wird damit angewiesen, auf demselben Wege zu entgegnen, vielleicht etwas Besseres zu bieten.

Es kommen hierbei in Betracht die Erscheinungen des Typhus seitens 1. der Körperwärme, 2. des grossen und kleinen Kreislaufes, 3. des Nervensystems, 4. des Darmtractes, 5. der Secretionsorgane.

*ad 1.* Der spontane Temperaturgang eines gewöhnlichen Typhus ist dadurch charakterisirt, dass einem mehrtägigen stufenförmigen Ansteigen, nach abgeschlossenem Prodromalstadium, die eigentliche Fieberakme folgt; diese hat gewöhnlich einen continuirlichen oder subcontinuirlichen Typus mit Abendtemperaturen von $40-41°$ C. und darüber und Morgenremissionen um $1°$ tiefer. Sie dauert nach allgemeiner Annahme durchschnittlich 2 Wochen. In einer solchen 2 wöchentlichen Akme sind die Abendexacerbationen in der 1. Woche etwas höher, als in der 2., und wenn die Akme eine Dauer von 3 Wochen hat, so ist meist die Höhe der Exacerbationen in den ersten 2 Wochen gleich und erst die 3. Woche zeigt sie etwas tiefer gestellt. Dieses Verhältniss gab Thomas und Anderen Anlass, von einem Stadium der stationär hohen und einem solchen der stationär gemässigten Exacerbationswerthe zu sprechen; innerhalb eines solchen Stadiums sind die Abend- und Morgentemperaturen unverändert; erst am Ende des Stadiums oder vielmehr der entsprechenden Woche kommt gewöhnlich ein grösserer Morgenabfall zu Stande, dem Abends der von da ab stationär bleibende tiefere Stand der Exacerbationen des 2. Stadiums folgt.

In schwereren Fällen stehen die Abendexacerbationen in der 2. und auch in der 3. Woche höher, als in der 1.; hohe Temperaturen in der 4. und den späteren Wochen werden meist nicht mehr zur Akme zu rechnen, sondern als der Ausdruck besonderer temperaturerhöhender Einflüsse, als Complicationen, aufzufassen sein.

Bei diesem Gesammtverlaufe durch die Akme ist das Verhalten der Temperatur innerhalb der 24 stündigen Tagesperiode von der Norm nicht abgewichen, sie ist nur im Ganzen höher gestellt; es kommt auch hier ausser der Abendexacerbation noch eine Steigerung um Mittag und Mitternacht vor, und zwar kann einigen Beobachtungen zufolge das absolute Maximum der gesammten Tagstemperatur auf den Mittag- oder Mitternacht- statt auf den Abendgipfel fallen.

Die grösste Remission fällt wohl immer mit der Morgenremission zusammen, wenn sie auch eine minimale sein sollte; sie beträgt sodann nur 0,3—0,5°. Am Schlusse der Akme, also gegen das Ende der 2. oder 3. Woche ist schon einige Neigung zu grösseren Remissionen bemerkbar; durch einen oft krisisähnlichen Abfall wird sodann am Anfang der 3. oder 4. Woche die Defervescenz eingeleitet.

Deren Gang lässt besonders 2 Hauptformen unterscheiden: entweder fällt die Temperatur, Exacerbationen sowohl, als Remissionen, stufenförmig ab, wie sie angestiegen ist, wobei letztere über die Abnahme der Exacerbationen das Uebergewicht haben, oder die ganze Entfieberung vollzieht sich in 2 grossen Absätzen, wovon der erstere in der Dauer von 4—5 Tagen gleichbleibenden mässigen Tiefstand der Exacerbation und entsprechend auch der Remissionen zeigt, und der zweite nach einem plötzlichen Abfall aus dem ersten einen allmählichen Tiefgang der Temperatur bis zur Reconvalescenz erkennen lässt.

Als Besonderheit, die einer länger gezogenen Entfieberung angehört, hat Bäumler einen Vorgang geschildert, bei welchem nach Schluss der Akme ein steiler Morgenabfall erfolgt — bis zur Norm —, am selben Abend aber sich wieder eine hohe Exacerbation einstellt; da sich dieses durch die ganze Defervescenz fortsetzt, so bekommt die Curve das Bild einer Febr. intermittens quotidiana.

Schliesslich ist noch das amphibole Stadium Wunderlich's zu erwähnen, eine meist bei schweren Fällen zwischen Akme und Defervescenz eingeschobene 5—6 tägige Periode mit ganz unregelmässigem Gang der Exacerbationen sowohl, als der Remissionen.

Die Defervescenz, deren Dauer auf 1—1½ Wochen geschätzt werden kann, geht meist allmählich zur Reconvalescenz mit ihrer Normaltemperatur über.

Da die Schilderung des Temperaturganges in einem von Therapie unbeeinflussten Typhus die Grundlage sein muss für die Beurtheilung der Umgestaltung durch die Bäder oder medicamentös-antipyretische Behandlung, so musste diese Skizze aus den maassgebenden Arbeiten Wunderlich's, Liebermeisters, Ziemssen's und der oben genannten Autoren u. A. hier vorgelegt werden.

Die methodische Bäderbehandlung (Brand) lässt ihren Einfluss an der Curve der 24 stündigen Tagesperiode sowohl, als auch an der Gesammtcurve während der verschiedenen Perioden des Typhus erkennen.

Zur Prüfung der ersterwähnten Wirkung ist eine 2- oder wenigstens 3 stündliche Temperaturmessung (in recto) Tag und Nacht unerlässlich; sie ist bei uns seit 15 Jahren in allen acuten Infectionskrankheiten eingeführt. Der Zugang der Kranken findet meist Nachmittags statt und die einige Zeit nachher gemessene Temperatur ist gewöhnlich Anlass zum 1. Bad (nach der modificirten Formel: Bei $39^0$ C. in recto ein Bad von $14^0$ R. in der Dauer von ¼ Stunde). Die Wirkungen der ersten Bäder sind ebenso wie die Höhe der Temperatur, die sie veranlasst hat, schon von einiger prognostischer Bedeutung.

Es gehört zu den Ausnahmen, wenn am 1. und den nächstfolgenden 2 oder 3 Tagen 3 Stunden nach jedem Bade die Temperatur nicht wieder ein Bad indicirt; sie kann trotzdem hinter der Anfangstemperatur zurückgeblieben sein, die ja vielleicht 40 und $41^0$ war und so im Vergleiche zu dieser eine nicht kleine Remission bildet; aber häufiger ist 2 oder 3 Stunden nach dem Bade die sogenannte Anfangstemperatur (Temperatur vor dem Bade) wieder erreicht oder überschritten; in diesem Falle wird dann irrthümlich von gänzlichem Mangel eines Badeeffectes gesprochen und nicht bedacht, dass innerhalb dieser zwei Exacerbationen, also von einem Bade zum anderen, ein Zeitraum bestanden hat, in welchem infolge der Nachwirkung des Bades die Temperatur mehr oder weniger lang in einer normalen oder wenigstens subfebrilen Zone gestanden hat; diese ist eben nicht zur Beobachtung und nicht zur Einzeichnung in die Curve gekommen.

Zur Beobachtung kommt nur wieder die folgende Exacerbation, die allerdings der Anfangstemperatur gleich ist, aber gewiss noch höher wäre, wenn nicht durch das Bad eine Remission erzeugt worden wäre.

Also auch bei scheinbarem Mangel an Badeeffecten ist der Badende immer wieder eine Zeit lang dem Einflusse der Hyperthermie entrückt gewesen. Dies ist von Bedeutung für die Beurtheilung, bezw. den Vergleich der 24 stündigen Durchschnittstemperaturen eines Badenden und Nichtbadenden: beim Ersteren ist sie aus den 2- bezw. 3 stündigen Exacerbationen berechnet, zwischen denen die nicht berechneten Remissionen gelegen sind, beim Letzteren standen die Temperaturen zwischen 2 Messungen immer gleich hoch, ohne jede Remission; hier drückt die Höhe der Durchschnittsziffer auch wirklich die Temperatur aus, in der sich der Kranke constant während der 24 Stunden befunden hatte.

Die Wirkungen unserer Bäder äussern sich somit in den Curven nur durch die etwas tiefer stehenden Exacerbationshöhen und die zahlreichen Remissionen, die aber hier gering sind, weil die wirkliche Tiefe nicht zur Beobachtung gekommen war; in der That aber sind sie viel bedeutender und anhaltender, als man aus der Gestalt der Curve aus 2- oder 3 stündigen Messungen ersehen kann; eine Messung alle ½ Stunden würde dies wohl zeigen. Das Befinden des Kranken zwischen den zwei Bädern jedoch giebt die beste Aufklärung hierüber, wie sehr und wie lange der Kranke entfiebert war.

Je schneller die Temperatur nach dem Bade wieder zu Badetemperatur ansteigt — so dass statt 3 stündlich schon 2 stündlich gebadet werden muss —, desto ernster wird sich voraussichtlich der Verlauf gestalten. Es können hiebei in der Tags- sowie auch in der Nachtperiode alle 2 Stunden Bäder angezeigt sein, wobei der Unterschied dieser Perioden nur darin besteht, dass Nachts die Exacerbationen nach je einem Bade — wenn auch wieder auf der Temperatur zum Baden, also auf 39,0° — doch tiefer stehen, als am Tage; die physiologische Tendenz zum Morgenabfall kommt hier den einzelnen Bädern förderlich entgegen. Am Tage kann die Temperatur auch schon nach 1 Stunde wieder 39,0° und mehr sein.

Bei denjenigen Fällen, die nicht so hartnäckig ihre Temperatur auf eine Continua eingestellt haben, ist auch in der Tagesperiode 2 Stunden nach dem Bade die Temperatur nicht jedesmal zur Anfangstemperatur angestiegen, und wenn nun, weil ja doch noch Badetemperatur (= 39,0°) erreicht ist, wieder gebadet wird, so kann nach weiteren 2 Stunden schon 1 Bad zum Ausfall kommen; dementsprechend ist auch dann die Hartnäckigkeit der Nachttemperatur eine noch geringere. Die Folge davon ist ein tiefer gestelltes absolutes Maximum (Abendexacerbation) und ein tieferes Minimum (Morgenremission) und in toto eine weniger hohe Durchschnittstemperatur schon am 1. Tage (nach dem Aufnahmstage bezw. Nachmittage). Wesentlich ist, dass auch unter der Bäderbehandlung der Unterschied der Tag- und Nachtperiode erhalten bleibt und zwar so, dass das Maximum, wenigstens in unseren Fällen, mit Regelmässigkeit auf die Abendstunde (6 Uhr) und das Minimum auf die Morgenstunde (6—8 Uhr) zu stehen kommt.

Auch in der Gipfelbildung, bei welcher gewöhnlich ausser diesem Abendmaximum 1 Gipfel auf Mittag und ein weiterer auf die Mitternacht fällt, bringt die Bäderbehandlung keine Aenderung hervor; die Gipfel bleiben erhalten und kommen zu Stande durch ein rascheres Ansteigen nach je einem Bade, als in den anderen Stunden. Dass das absolute Maximum aus 12 Messungen in 24 Stunden den Mitternachtgipfel betrifft, ist uns nicht vorgekommen.

Das Verhalten der Temperatur innerhalb der ersten 24 Stunden erhält sich bei spontanem Verlaufe gewöhnlich durch die erste Woche hindurch constant; der 1. Tag zeigt an, wie es in den nächsten Tagen gehen wird, es kommt eher ein noch weiteres Ansteigen als ein Abfall zu Stande — so dass das absolute Maximum des ganzen Verlaufes sehr häufig mit dem Schlusse der 1. Woche zusammenfällt.

Ganz anders bei der Bäderbehandlung! Das Maximum bildet die Temperatur des Abends am Aufnahms- oder höchstens am ersten Aufenthaltstage; schon in den nächsten Tagen kommt es tiefer zu stehen und mit ihm die Durchschnittstemperatur — angenommen, dass die Bäder ihre Schuldigkeit thun, und dies ist die Regel.

Es ist ganz gleich, ob am 1. Tage eine Continua war mit stets raschem Wiederansteigen nach je einem Bade, oder ob schon vom Anfange an der Widerstand gegen die Bäder ein geringerer war, am 2. oder 3. Tage wird in jedem Falle durch die fortgesetzte Unterbrechung des Ansteigens die Tendenz hierzu bezwungen und dadurch die Durchschnittstemperatur tiefer gestellt als am 1. Tage. Dies setzt sich fort in einem Abfall von Tag zu Tag um einige Zehntel, durch die ganze Akme nicht blos in einer Dauer von 1 Woche, sondern auch von 2 und 3 Wochen. Man darf dieses Verhalten geradezu als den Typus eines durch die Bäderbehandlung geleiteten Verlaufes bezeichnen; er wird allerdings am vollkommensten und am sichersten erreicht, wenn der Eingriff mit den Bädern schon am 1. Tage der Fieberakme seinen Anfang genommen, aber er kann noch, wenn auch nicht in so reiner Form hergestellt werden, nachdem schon mehrere Tage der Akme abgelaufen sind; selbst wenn es nicht mehr gelingt, einen täglichen Abfall der Durchschnittstemperaturen zu erzwingen, so wird doch ihrem Ansteigen Einhalt gethan (relative Apyrexie nach Brand).

Jede Unterbrechung dieses Abfalls bedeutet eine Anomalie. Neben dem allmählichen Heruntergang der Durchschnittstemperatur von einem Tag zum anderen prägt sich immer noch die Wocheneintheilung unverkennbar aus, aber, wie schon früher bemerkt, nur mit Ausschluss des 3-, höchstens 4 tägigen initialen Ansteigens und mit der nicht seltenen Schwankung, dass der eine Zeitabschnitt blos 6 Tage und dafür der andere 8 Tage in sich fasst. So berechnen sich bei Abendexacerbationen von 40° und darüber und den schon erwähnten mässigen Remissionen in der 1. Woche Durchschnittstemperaturen von 39° und darüber, in der 2. Woche bei Exacerbationen von 39° und darüber Durchschnittstemperaturen von 38° und darüber. Ist die Akme mehr als 2 wöchentlich, so sind die täglichen Abfälle der Durchschnittstemperaturen noch etwas geringer, meist so, dass in der 1. und 2. Woche die Exacerbationen über 40° und die Durchschnittswerthe über 39° betragen und erst in der 3. Woche weniger. Man darf es schon ein häufiges Vorkommniss nennen, dass am Ende eines jeden solchen Wochenabschnittes entweder eine etwas grössere Morgenremission oder am Beginn des folgenden Abschnittes eine im Vergleiche zu den vorangegangenen tiefere Exacerbation auftritt — also ein krisisähnlicher Vorgang, gefördert durch grössere Badewirkung am Wochenende. Durch einen derartigen steileren Abfall, der noch ausgeprägter am Schlusse der Akme zur Wahrnehmung kommt und von Ziemssen, Bäumler u. A. schon angegeben, von Thomas jedoch nicht beobachtet worden ist, ist die Eintheilung in Wochen ziemlich scharf gegeben; sie lässt sich ganz sicher nachweisen, wenn man vom 1. Tag der Defervescenz oder auch vom 1. Tag eines Wochenabschnittes gegen den Zugangstag zurückrechnet;

man kann dann auch in sehr vielen Fällen ersehen, dass von der 1. Woche der Akme ein oder mehrere Tage noch auswärts verlaufen sind und selbstverständlich auch die ganze Initialperiode. Diese Abfälle an den Wochenenden sind bei dem Verlaufe ohne Bäder, wie schon erwähnt, auch, aber viel geringer ausgeprägt. In der Defervescenz stehen unsere Durchschnittswerthe etwas näher dem Niveau der Norm, weil die Exacerbationen in der Akme schon tiefer gestellt sind und die Morgenremissionen normale Temperatur zeigen, wenigstens schon bald nach Beginn der Entfieberung; daher fehlen hier auch meist die ganz steilen Curven dieser Periode. Der lytische Gang, welcher durch die Bäder der ganzen Typhuscurve angewiesen wird, lässt auch die oben erwähnten Mannigfachheiten in der Defervescenzcurve nicht beobachten. Uebersieht man nochmals den Einfluss der Bäder auf den Temperaturgang, so lässt er sich dahin zusammenfassen, dass er bei Aufrechthaltung der Tags- und Nachtperiode mit ihrer normalen Gipfelbildung die Exacerbationen durch zahlreiche kleine Remissionen niederdrückt und in seiner ununterbrochenen Einwirkung auf diese Weise allmählich und sicher die Durchschnittswerthe zum Sinken bringt. **Dies ist die Regel, von der um so weniger abgewichen wird, je früher in der Akme die Behandlung beginnt.**

Der Temperaturgang bei mit medicamentöser Antipyrese combinirter Bäderbehandlung zeigt sich mehr oder weniger tief verändert. Es kann hier nur von Chinin und Antipyrin gesprochen werden, da wir bezüglich des Gebrauches von Kairin, noch bevor wir einen Versuch damit gewagt, von dessen üblen Nebenwirkungen Kenntniss erhalten und mit Salicylnatron schon bald nach seiner Empfehlung dieselben schlimmen Erfahrungen wie Andere gemacht haben, wenn auch gerade nicht in einer hohen Mortalität, desto warnender aber in den Erscheinungen des Krankheitsverlaufes und ganz besonders der Temperatur.

Der Einfluss des Chinin für sich ist nur ein schwach antipyretischer, in Verbindung mit Bäderbehandlung ist er negativ nachtheilig, insofern diese ausgesetzt wird auf die Dauer der wirklich eingetretenen oder blos erwarteten Chininwirkung; jede Unterbrechung der Bäder aber (hier meist über jede andere Nacht) stört die Sicherheit ihrer Effecte, die in der fortgesetzten Einwirkung der Bäder gelegen ist. In der That verlaufen die mit Chinin combinirt behandelten Typhen in der Akme um circa $0,5-1°$ höher, als die streng methodisch behandelten nach Brand und zeigen nicht den hierbei gewöhnlichen Abfall von Tag zu Tag. Daran reiht sich eine höhere Mortalität. Antipyrin kam in den Jahrgängen, deren Typhusmaterial (bis 1882) hier bearbeitet wurde, nicht zur Anwendung; aber in einem späteren Jahrgange (1884) wurde auf Int. I Station in 10 Typhusfällen dieses Medicament gereicht, und zwar nicht als Unterstützung der Bäder, sondern als zeitlicher Ersatz, so dass in einzelnen Fällen 1 Woche lang Antipyrin gegeben ward, in der nächsten Woche Bäder; in einigen dieser Fälle war blos Antipyrin verordnet worden. Man kann also sehr wohl in diesen beiden Kategorien die Wirkung des Antipyrins auf die Temperatur gesondert beobachten. Da, wo Bäder und Antipyrin an einem Tage zugleich in Anwendung kommen, dürften in der Curve die Wirkungen der ersteren ganz bedeutend zurücktreten; wir haben solche Curven nicht zur Verfügung.

Unsere allerdings nicht sehr reichen Erfahrungen über Antipyrin bei anderen acuten Infectionskrankheiten, so bei Pneumonie, Erysipel, Scharlach, zeigten uns nicht wenige Fälle, in welchen die Continua durch dieses Medicament gar nicht berührt wurde. In den 10 mit durchschnittlich 58 Grm. Antipyrin behandelten Fällen von Typhus kam dies, wenigstens gleich im Beginne der Anwendung nicht vor; die Beobachtungen ergaben vielmehr: Wie alle Antipyretica entfaltet auch Antipyrin seine grösste Wirkung in der Periode der abfallenden Temperatur, also zur Nachtzeit. Damit stimmt die Mittheilung May's aus der v. Ziemssen'schen Klinik, dass es schwerer ist, den Anstieg zu verhindern, als den Abfall zu machen. Wird Antipyrin in einer Gesammtdosis von 2+2+1 Grm. (stündlich, in den Nachmittagsstunden eine Einzeldosis von 2 Uhr ab) gereicht, so geht nach der 1. und auch noch nach der 2. Dosis das weitere normale Ansteigen fort, erst mit der 3. Dosis beginnt der Abfall (von 6 Uhr ab), also gleichzeitig mit dem Beginn der Nachtcurve, die nun gegen Morgen ihre grösste Tiefe erreicht. Wird aber mit der Medication erst um 6 Uhr Abends begonnen, so ist nach der ersten Stunde schon der Abfall eingeleitet und dauert unter der Einwirkung der nächsten 2 Dosen noch fort bis zur tiefsten Remission gegen Mitternacht; unter Bildung einer flachen Welle bleibt die Temperatur niedrig bis zur Morgenstunde des beginnenden Wiederansteigens (6—8 Uhr). Die Tiefe des Abfalls betrug 3—4° C.

Dies sind die Fälle von günstigster Wirkung, wie sie sich in unseren Curven häufig wiederholt, aber auch sehr oft nicht eintritt; mitunter war der Effect einer von 6 Uhr Abends an gereichten Gesammtdosis schon gegen 10 Uhr vollendet und dann die Temperatur ohne Muldenbildung sofort wieder so lange angestiegen, als sie abgefallen war. Von 2 Uhr an erst vollzog sich der Abfall bis gegen Morgens 6 Uhr, aber natürlich nicht zur Tiefe eines Antipyrineffectes, sondern angemessen der durch die Krankheit bedingten febrilen Morgentemperatur.

Es war in diesem Falle also ein ebenso grosses Wiederansteigen als Compensation eingetreten, und zwar in dem zum normalen Temperatur abfalle bestimmten Zeitraume — in der Nachtperiode.

In noch ausgedehnterem Maasse war eine solche Compensation in Erscheinung getreten, wenn nach einer vollen oder wegen der in dieser Zeitperiode geringeren Wirkung nach einer verdoppelten Dosis (= 10 Grm.) in der Tagesperiode z. B. von 10 Uhr Vormittags ab ein Abfall erzwungen wurde, der langsam und unvollkommen erfolgte, so dass erst Abends 6 Uhr ein Abfall um 1—2° C. gesetzt war; in solchen Fällen wird die ganze Nachtperiode zum Wiederansteigen verwendet bis gegen den Morgen, z. B. 4 Uhr, von wo ab dann noch ein kleiner Morgenabfall um einige Zehntel zur Entwicklung kam, um aber von 6 Uhr an oder auch erst von 8 Uhr an in die wiederansteigende Tagestemperatur überzugehen.

In allen unseren Fällen ist diese Neigung zum Ausgleich der Antipyrineffecte ausgeprägt und zwar, wie nachgewiesen, so mächtig, dass hierbei das physiologische Verhalten der Tag- und Nachtperiode verwischt und selbst umgekehrt wird, ein Umstand, der sehr beachtenswerth erscheint im Zusammenhalte mit dem Einfluss der strengen Bäderbehandlung — aller 2 Stunden 1 Bad, Tag und Nacht —, welche dieses naturgemässe Verhalten der Temperatur, wie es selbst bei der vorhandenen Continua eben noch ausgeprägt ist, unberührt lässt.

Mit dieser Compensation ist es aber nicht abgethan; die Temperatur steigt nämlich gewöhnlich noch höher an, als sie zur Zeit der beginnenden Medication gestanden hat, oder man kann sagen, sie ist, wenn die Wirkung einer von 6 Uhr Abends gereichten Volldosis (2 + 2 + 1) in erwünschter Weise die ganze Nachtperiode angehalten hat, am anderen Nachmittage oder Abend um einige Stunden früher auf derselben Höhe, auf der sie Tags zuvor um 6 Uhr Abends war; um diese Stunde selbst erreichte sie den Höhepunkt über derjenigen des vorigen Tages.

So bilden in mehreren unserer Curven die von Tag zu Tag nach Antipyrin compensirend höher gewordenen Exacerbationen eine aufsteigende Linie; dazu kommt, dass in vielen Fällen zugleich die Abfälle auf Antipyrin von Tag zu Tag geringer und somit nach einem 4- oder 5 tägigen Antipyringebrauch fast auf Null reducirt wurden, also eine Erschöpfung der Wirksamkeit. Erst nach einer Pause von 1 oder mehreren Tagen, doch auch ohne solche, tritt der volle Effect wieder hervor, wie das erste Mal u. s. w. Dass die erste Wirkung des Antipyrins um so ergiebiger ist, je weiter der Typhus schon vorgerückt, hat sich mehrfach in diesen Curven bestätigt gezeigt; ebenso auch die grössere Neigung zu Collaps.

Die naturnothwendige Folge der geschilderten Vorgänge ist **eine vollkommene Irregularität der Gesammtcurve; diese geht in ihren Exacerbationen und in den Durchschnittswerthen (aus der 24stündigen Periode) auf und nieder im Gegensatz zu dem fast sicheren Abfall von Tag zu Tag bei der Bäderbehandlung.**

Aber die genannten Eigenthümlichkeiten und Anomalien unter dem Einflusse dieses mächtigen Antipyreticums entgehen der Wahrnehmung oder bleiben unverständlich, wenn man nicht Tag und Nacht alle 2 Stunden die Temperatur misst; insbesondere kann eine Messung um 6 Uhr Abends und um 8 Uhr Morgens scheinbare Resultate geben, weil Alles, was zwischen diesen Zeitpunkten vorgegangen, der ärztlichen Beobachtung und Erwägung verschlossen geblieben ist.

Solche Ergebnisse, nämlich die oft unzureichenden Wirkungen zur Zeit der hoch anstrebenden Tagestemperatur, die Compensation und selbst Uebercompensation wirklich erreichter Abfälle und dann die nach mehrfacher Darreichung sich erschöpfende Wirkung des Medicaments, lassen es trotz der bedeutenden Temperaturerniedrigung im Einzelfalle sogar fraglich erscheinen, ob wirklich antipyretisch viel mehr geleistet wird, als mit unseren continuirlich dem Ansteigen entgegentretenden Bädern, die in den zahlreichen Remissionen doch immer mindestens 1 Stunde lang mässige Temperaturen schaffen.

Denn dem stürmischen Wiederansteigen nach einer vollkommenen Antipyrinwirkung ist schwer entgegenzutreten; die fortgesetzte Entfieberung darf als ein überwundener Standpunkt erachtet werden, also kämen als Hülfsmittel gegen dieses Wiederansteigen doch wieder die wärmeentziehenden Proceduren in Betracht. Aber die Erwartungen davon dürfen keine grossen sein. Der antipyretische Werth von einigen Bädern, an sich schon gering, wird noch niedriger ausfallen angesichts dieses übercompensirenden Ansteigens, und die Anwendung der vollen Strenge der Bäderbehandlung auf die 12 stündige

Tagesperiode, nachdem die Nachttemperatur durch Antipyrin zu einer Morgenremission auf 36⁰ C. herabgedrückt war, wäre ebenso bedenklich als nutzlos. Dies würde die Kehrseite der Antipyrese in ihrem ganzen Umfange erkennen und die Vorzüge der methodischen Bäderbehandlung, die in dem ununterbrochenen, blos mässigenden Einfluss auf den Temperaturgang gelegen sind, doch nicht zur Entwicklung kommen lassen.

Die Antipyrinbehandlung, auch mit eingeschobenen Bädern, gestaltet den ganzen Temperaturverlauf unregelmässig; sie erschwert die Orientirung über den gegebenen und zukünftigen Stand der Sache.

Von einer Bäderbehandlung, die nur zur Unterstützung hin und wieder Antipyrin einschiebt, will dies gerade nicht gesagt sein, um so weniger, je mehr die Bäder die Hauptrolle spielen (Ziemssen).

Wenn man das Auftreten eines amphibolen Stadiums zwischen Akme und Entfieberung als Irregularität und als Hinweis auf eine schwerere Erkrankung, speciell auf „Nichtheilen der Darmgeschwüre" anerkennt, so muss das gänzliche Fehlen dieses Stadiums bei methodischer Bäderbehandlung zu deren Gunsten, das einzelnen Mittheilungen zu entnehmende häufigere Auftreten bei Antipyrinbehandlung hingegen zu deren Ungunsten ausgelegt werden.

*ad 2.* Die Beziehungen der Anomalien in der Wärmeregulirung zu den Vorgängen im Kreislaufe äussern sich bei einem uncomplicirt und ohne therapeutischen Eingriff verlaufenden Typhus darin, dass die Frequenz der Herzaction im engen Anschlusse an den stufenförmigen Temperaturanstieg des Initialstadiums sich steigert und dann auch auf der Akme Schritt hält mit der Temperatur; beide erreichen erst im weiteren Fortschreiten ihr Maximum und unterliegen den Tagesschwankungen insofern, als Abends Pulsfrequenz und Temperatur höher stehen als Morgens.

Doch herrscht innerhalb dieses im Grossen und Ganzen gegebenen Parallelismus eine Abweichung von anderen Infectionskrankheiten darin, dass vom Anfange der Akme an die Pulsfrequenz im Typhus nicht dieselbe absolute Höhe erreicht; auch bei hoher Temperatur zählt der Puls der gewöhnlich im Beginne der Akme zugehenden Typhuskranken durchschnittlich 100 Schläge (vsp.). Bei spontanem Gang der Krankheit geht die Pulsfrequenz in den nächsten Tagen der Akme noch weiter in die Höhe, auch wenn die Temperatur gleich hoch bleibt oder nur wenig ansteigt. Die Pulsfrequenz beträgt zur Zeit des Maximum der Temperatur, d. h. in der Mitte oder am Ende der 1. Akmewoche 112 Schläge; diese Frequenz erhält sich auch im weiteren Verlaufe der Akme, jedoch nicht mit der gleichen Neigung, in der 2. oder 3. Woche abzunehmen, wie sich dies bei der Temperatur äussert. Auch bei mässig hoher Temperatur in der 2. Woche (der Akme) tendirt die Pulsfrequenz mehr zur Steigerung, als zur Abnahme, ebenso wie sie, nebenbei bemerkt, Complicationen, namentlich von Seite der Lungen sogar schärfer und früher anzeigt, als dies die ebenfalls eintretende Temperatursteigerung thut; wird diese hierbei sehr hoch, so steigert sich im Verhältniss die Pulsfrequenz noch mehr. Je nach der Schwere der Infection büsst das Herz früher oder später an Kraft ein und unter Umständen kann sich dies schon in der 1. Periode durch die charakteristische Erscheinung der Tachycardie bei leisester Bewegung des Kranken im Bette wahrnehmbar machen; es steht daher die hohe prognostische Bedeutung der Pulsfrequenz schon vom 1. Tag ab für Jedermann fest.

Die Verlangsamung des Pulses bis unter die Norm in der Entfieberung und Reconvalescenz dauert oft auffallend lange an.

Die Qualität des Pulses bei gewöhnlichem Verlaufe, unbeeinflusst von der Therapie, ändert sich nach den übereinstimmenden Schilderungen mitunter sehr frühzeitig; derselbe wird schon in den ersten Fiebertagen, wenn er also noch nicht auf der Höhe seiner Frequenz steht, leichter unterdrückbar und es dauert nicht lange bis zum deutlichen Dikrotismus, ein Phänomen, zu dessen Demonstration von je her der Typhuskranke als das geeignetste Object galt und noch gilt, wenn es auch durch eine Reihe physiologischer und anderer pathologischer Factoren gleichfalls hervorgebracht werden kann. Unter anhaltender Dauer der Atonie der Gefässwandungen steigern sich die Erscheinungen der gestörten Herzthätigkeit in schweren, auch uncomplicirten Fällen zu einer Schwäche der Ventrikelcontractionen, Arrhythmie, ungleicher Wärmevertheilung bis zum Collaps.

Die methodische Bäderbehandlung hat auf die Herzthätigkeit noch einen grösseren Einfluss, als auf die Temperatur; sie ändert einigermaassen die Beziehungen zwischen beiden.

Dem weiteren Ansteigen der Temperatur wird in unseren Fällen schon durch die Bäder des 1. Tages Halt geboten, so dass hier auch das Temperaturmaximum zu liegen kommt; von jetzt an wird die Temperatur zu ganz mässigen Abfällen von Tag zu Tag veranlasst. Auch die Zunahme der Pulsfrequenz, die beim Zugang durchschnittlich 100 Schläge beträgt, wird durch die Bäder abgeschnitten und zwar viel schärfer, als die Temperatur. Wie im Einzelbad der Puls früher beeinflusst wird, als die Temperatur, äussert sich auch die constante Rückwirkung der Bäder in den ersten Fiebertagen früher und ergiebiger in der Innervation des Herzens, als in der Regulirung der Wärmeökonomie. Der Abendpuls sinkt in seiner Frequenz meist schon am 2. Tag auf 96—92 Schläge, selbst bis 84 herab und bleibt die ganze Akme hindurch auf diesem Niveau, auch wenn die Abendtemperatur in der 1. Woche zwischen 40 u. 41° und in der 2. Woche zwischen 39 u. 40° sich bewegt. Dieses Verhältniss zeigt sich in so vielen unserer Krankheitsgeschichten, dass man es als Regel — freilich mit Ausnahme — bezeichnen kann. Es war sogar seltener, dass während der Fieberakme die Abendexacerbation je einmal die Zahl von 108 Pulsschlägen überschritt, als dass sie — die Frequenz des Zugangstages ausgeschlossen — die ganze Akme hindurch nahe oder in der Norm verlief und zwar bei relativ hohen Temperaturen.

Constant darf man diese Pulsverlangsamung nennen in unseren Fällen mit 1 wöchentlicher Akme auch bei hoher Temperatur; sie waren von einem Initium gewöhnlicher Dauer eingeleitet und von einer meist lang gezogenen Defervescenz gefolgt; sie gehörten also nicht den Abortivformen an. Fast regelmässig war sie bei 2- und 3 wöchentlicher Akme. Der besprochenen Kategorie von Fällen stehen wenig solche gegenüber, in welchen die Pulsfrequenz von Anfang an sich dem verlangsamenden Einflusse der Bäder entzieht und mitunter im weiteren Verlaufe der Akme zur excessiven Höhe steigert, während die ebenfalls hohe Temperatur in der früher angegebenen Weise der fortgesetzten Bäderwirkung unterliegt. Der Verlauf solcher Fälle kann fast nicht so complicirt genannt werden, es sind vielmehr schon vom Anfange an die Bedingungen zu solcher Anomalie gegeben; dies betrifft Kranke, die meist in etwas vorgerückterem Stadium zugehen und durch Fortsetzung des Dienstes, unzweckmässige Lebensweise oder gar den Gebrauch von drastischen Mitteln ihre Widerstandskraft gemindert und die typhöse Darmaffection gesteigert haben.

Häufig enden diese Fälle direct in Herzinsufficienz oder durch eine der zahlreichen Complicationen, wie sie eine geschwächte Herzaction zu erzeugen pflegt.

Indem eine ungenügende Wirkung der Bäder auf die Pulsfrequenz sicher einen mehr oder weniger gefahrvollen Stand der Krankheit andeutet, hat die Pulsfrequenz durch die Bäder an prognostischer Bedeutung noch gewonnen; zugleich ist sie dringende Indication, die excitirenden Mittel in reichlichster Anwendung, soweit die Toleranz des Kranken nur immer geht, den fortzusetzenden Bädern an die Seite zu stellen. Auf diese Weise wird man oft durch Erfolge befriedigt, welche den aufgestellten prognostischen Kriterien der Pulsfrequenz scheinbar widersprechen. Es liegen uns zwei derartige verschleppte Fälle vor, in welchen mehrere Tage lang die Pulsfrequenz zwischen 128 und 132 Schlägen sich bewegte, und 1 Fall, wo sogar 3 Wochen lang der Puls von 120 auf 148 Schläge schwankte und nie darunter stand; hierbei waren die Abendexacerbationen stets 40°, aber mit ziemlich grossen Morgenremissionen durch die Bäder. In allen 3 Fällen Genesung! Gerade in diesen Fällen — die so häufig als Contraindication der Bäder gelten — tritt es unwiderleglich hervor, wie sehr das Herz durch die kalten Bäder zu erhöhter Arbeit veranlasst und zugleich auch befähigt wird, doch nie ohne Beihülfe des Alkohols in grösster Dosirung. Wir sehr die Innervation des Herzens nachhaltig durch den fortgesetzten Reiz der Bäder bethätigt wird, dürfte auch in der Beobachtung ersichtlich sein, dass in den mit Bädern behandelten Fällen die Entwicklung von Complicationen nicht selten durch eine sogar bedeutende Temperatursteigerung angekündigt wird, bevor noch die geringste Veränderung in der Frequenz des Pulses erweislich ist; allerdings lässt auch diese dann nicht auf sich warten. Also ein umgekehrtes Verhalten zum spontanen Verlauf, in welchem der Puls schon vor der Temperatur zu schwanken beginnt. Dass mit der oben erwähnten Wirkung einer bedeutenden und meist bleibenden Herabdrückung der Pulsfrequenz nach einer grösseren Zahl von Bädern auch eine günstige Beeinflussung der Qualität des Pulses verbunden ist, liegt nahe. Man darf bestimmt sagen, dass die Dikrotie des Pulses in den Typhen unter der methodischen Bäderbehandlung ebenso selten ist, als sie früher häufig gewesen ist. Sie kam uns zur Beobachtung in den obengenannten verschleppten Fällen, entweder schon gleich beim Zugang oder erst später mit der zunehmenden Herzschwäche sich entwickelnd. Es ist nicht selten, dass sie, nach einem der Berechnung nach 3 bis 4 tägigen Bestande der Akme beim Zugange schon ausgeprägt, durch die sofort eingeleitete Bäderbehandlung wieder unterdrückt wird, selbst wenn es nicht gelingt, die Beschleunigung gleichzeitig herabzusetzen, die auch im Allgemeinen nicht im Verhältnisse zur Doppelschlägigkeit zu stehen scheint.

 Diesen Erfahrungen reihe ich zur Bestätigung einige Mittheilungen von anderer Seite an: v. Ziemssen hat hervorgehoben, wie der Circulationsapparat durch das Bad auf mehreren Wegen Erregungswellen erhält: „eine Welle auf dem Wege des Reflexes, eine directe Erregung der Hautgefässe und endlich die Erregung des Herzmuskels durch das circulirende kühlere Blut . . . . . Das Herz arbeitet infolge dessen langsamer, kräftiger, die Gefässe zeigen eine gebesserte Wandspannung, erkennbar an der Verminderung der

Dikrotie und der Wiederkehr der Elasticitätselevation....."
Winternitz zeigt, wie „die Hitze Tonicitätsverlust der Gefässe bewirkt, die Kälte aber die Spannung des nicht verengten Gefässes wiederherstellt... Dieser Gefässveränderung unter der Kälteeinwirkung", sagt Winternitz „ist das grösste Gewicht beizulegen bei Beurtheilung der Wirkung der Hydrotherapie auf die febrile Circulationsstörung;... der thermische Einfluss kann geradezu einer vitalen Indication entsprechen".

An einer anderen Stelle weist Winternitz sphygmographisch nach, „wie unter der Kältewirkung die erschlaffte Fieberpulscurve (Dikrotie) die Form einer Curve mit hohem Gefässtonus annimmt", und knüpft daran die Folgerung, „wie die hydriatrische Antipyrese nahezu mit physikalischer Sicherheit Stauungen, Stasen, Hypostasen u. s. w. vorbeugen wird oder sie wieder beseitigen kann.... Das sind auch antipyretische Wirkungen der Wassercur, die nicht auf Temperaturherabsetzung zu beziehen sind;... als eigentliches antithermisches Verfahren ist die pharmaceutische Antipyrese — als eigentliches antifebriles Verfahren der Kaltwasserbehandlung aufzufassen".

Noch ein weiteres, sehr belangreiches Urtheil, einem reichen Material und objectiver Beobachtung entnommen, geben über diesen Punkt die französischen Aerzte Tripier und Bouveret ab, welche mit und nach Glénard die überzeugten Verfechter der Brandschen Therapie sind. Sie sagen: „Das kalte Bad ist ein wahres Tonicum für das Herz; es beruhigt dessen Action, hebt den Puls, verringert die Zeichen der Herzschwäche und macht sie selbst verschwinden;... die Zahl der Pulse bleibt im Allgemeinen eine mässige und überschreitet selbst in schweren Fällen 110—120 Pulsschläge nicht. Dikrotismus entsteht in den von Anfang an behandelten Fällen nicht, bei später in Behandlung genommenen Fällen verschwindet er unter der Wasserbehandlung wieder."

Jürgensen sagt: „Die Herzschwäche wird auf ein geringes Maass herabgesetzt; Thrombose in den Ventrikeln, Vorhöfen und Venen sieht man ganz selten; ebenso die hämorrhagischen Infarcte... Die Gefahr von den Lungen aus ist auf ein Minimum reducirt."

In gleichem Sinne sprechen alle anderen Kliniker, die mit der Bäderbehandlung Versuche gemacht haben.

Es bestreitet und widerlegt zwar Niemand diese Angaben über die lebhaft anregende Wirkung des kalten Bades auf die Innervation des Herzens, aber in praxi ist man doch immer noch geneigt, das Gegentheil zu fürchten. Die theoretische Scheu vor Collaps als Folge der Wirkung der Kälte auf eine noch intacte und noch mehr auf eine schon insufficiente Herzthätigkeit hält nur zu häufig vom ersten Versuche oder von dessen Fortsetzung ab. Und doch ist gerade in den ersten Tagen die Adynamie des Herzens, welche übrigens in ausgeprägter Form mit Arrhythmie, schwachem Spitzenstoss, leisen Herztönen selten ist, die dringendste Indication der Kälte und diese das sicherste Prophylacticum gegen den Collaps.

Der Zustand aber in und nach dem Bade, der so häufig Anlass giebt, von der Fortsetzung des Badens abzustehen, ist kein Collaps. In diesem Punkte muss der Erfahrung eine Stimme eingeräumt werden: wir haben in 15 Jahren, während welcher Tausende von kalten Bädern nicht blos im Typhus, sondern auch bei Pneumonie, Scharlach u. s. w. gereicht wurden, nicht 1 mal das beobachtet, was man Collaps nennen könnte, weder bei hoher, noch bei niederer Temperatur. Man kann zugeben, dass eine länger anhaltende Kälte der Peripherie mit Frostgefühl, Gänsehaut, Zähneklappern und bläuliche Färbung der Gesichtshaut neben einem kaum fühlbaren, contrahirten Pulse weder für den Arzt, noch für den Kranken erwünschte Erscheinungen sind. Sie bedeuten aber für uns nichts Anderes, als dass in der Badeprocedur das versäumt worden ist, was den peripheren Kreislauf während derselben zu unterhalten bestimmt ist, das ist die energische Frottirung im Bade, die rasche Erwärmung und die Darreichung von Excitantien. Die Einschärfung dieser Maassnahmen verhütet die Wiederholung solcher Vorkommnisse.

Liebermeister bezieht diesen „collapsähnlichen" Zustand zum Theil auf directe Abkühlung der Körperperipherie, zum Theil auf die Arteriencontraction, wie dies analog bei spontanen, starken Fieberfrösten infolge eingetretener Complicationen in typho vorkommen kann.

In demselben Sinne lautet Ziemssen's Mahnung, es solle „nicht ein blosses Frösteln maassgebend sein für die Beendigung des Bades, sondern ein intensiver Klapperfrost; man sei gewöhnlich viel zu ängstlich in Bezug auf die Klagen des Kranken und die objectiven Zeichen der starken Verengung der Hautgefässe; mit der Zeit werde man schon hartherziger in diesem Punkte und gebe nicht so viel auf den Puls, der nach den Bädern meist sehr klein, oft kaum fühlbar sei". Man hat somit die Erfahrung zur Seite, wenn man in einer hohen Pulsfrequenz, namentlich in den ersten Tagen der Akme nicht eine Contraindication, sondern eine Indication des kalten Bades erkennt und ausspricht, selbstverständlich bei Ausschluss anderer Momente, die dem wachenden Blicke des Arztes nicht entgehen werden. Je unbeirrter und consequenter nach diesem Grundsatze verfahren wird, desto mehr werden die günstigen Einwirkungen auf das Herz, sowie die gänzliche Gefahrlosigkeit des Bades zu Tage treten. Der Einfluss muss im kleinen Kreislaufe ebenso zur Geltung kommen; es ist kaum nöthig, daran zu erinnern, wie die Typhuskranken in früherer Zeit ausnahmslos in einer ganz eigenthümlichen braunrothen Färbung der Gesichtshaut vor uns gelegen haben; sie haben oberflächlich geathmet und massenhaft ganz viscide mit Pharynxsecret gemischte Sputen mühsam expectorirt; dies war noch eine günstige Erscheinung, aber schlimm war es, wenn sie infolge aufgehobener Reflexerregbarkeit oder bedeutender Entkräftung nicht mehr gehustet und expectorirt haben — bei diffus verbreiteten, pfeifenden und schnurrenden Rhonchis; sie haben bewegungslos auf dem Rücken gelegen und sind in diese Lage zurückgefallen, so oft der Wärter dem strengen Auftrage entsprechend sie auf die eine oder andere Seite gelegt hatte. Verklebungszustände mit Hypostasen und in der Mehrzahl der schwereren Fälle die sehr wohl bekannte mehrere Querfinger breite Abschwächung des Percussionstones rechts hinten unten, sowie die mannigfachen ernsten Complicationen sind als tägliche Vorkommnisse noch erinnerlich.

Mögen Diejenigen, welche symptomatisch behandeln, sich fragen und darüber berichten, ob es nicht jetzt noch ebenso ist, wie damals!

Unter der Bäderbehandlung ist dies ganz anders geworden. Wenn die Kranken auch mit den dem Typhus angehörigen bronchitischen Erscheinungen zugehen, so bleiben diese doch in der Regel auf einen ganz leichten Grad beschränkt; es kommt nicht zu der ausgebreiteten Schwellung und Hypersecretion der Bronchialschleimhaut; die Kranken bedürfen jetzt kaum mehr einer Spuckschale; nur im Bade fördern sie durch kräftiges Räuspern einige katarrhalische Sputen heraus. Sie haben keine beschleunigte Athemfrequenz und nicht die tiefe Röthung der Gesichtshaut der nicht badenden Typhösen.

Atelektatische, hypostatische und pneumonische Complicationen sind infolge dessen eine Seltenheit geworden.

Dass die freiere Blutströmung in den Lungencapillaren wieder entlastend auf die Herzthätigkeit zurückwirkt, ist eine weitere, nicht zu unterschätzende Consequenz, ohne welche die Herabsetzung der Pulsfrequenz gewiss nicht zu Stande kommen könnte.

Nicht hoch genug ist als förderlich für den Gesammtkreislauf noch ferner die Muskelbewegung anzuschlagen, zu welcher der Kranke durch die Badeprocedur veranlasst wird; er muss sich bewegen bei Herausnahme aus dem Bette, im Bade selbst und beim Abtrocknen; dazu kommen die passiven Bewegungen, die mit ihm vorgenommen werden. Der nicht Badende wird aus seiner Lage nur gebracht bei Zurechtrichten seines Bettes, alle 24 Stunden 1- oder 2mal. Diese kleinen Sachen, so bekannt sie sind, müssen immer wieder erwähnt werden, weil sie von grosser Bedeutung scheinen für die Beurtheilung des Werthes dieser Therapie. Die mit Chinin combinirte Bäderbehandlung hat in ihrer Rückwirkung auf die Herzthätigkeit in den normal verlaufenden Fällen einen sehr auffälligen Unterschied von den Wirkungen der streng methodischen Bäderbehandlung nicht ersehen lassen, doch ist ihr eine so sichere und bleibende Herabsetzung der Pulsfrequenz nicht gelungen; auch dürfte es nicht als Zufall zu erachten sein, dass Complicationen, deren statistisches Verhalten hier ausser Betracht bleiben soll, von Seite der Kreislaufs- und Athmungsorgane sehr viel häufiger aufgetreten sind. Die schädlichen Wirkungsäusserungen des Salicylnatron in und ohne Combination mit Bädern bedürfen, als vielseitig bestätigt, keiner weiteren Erwähnung.

Ueber das Verhalten der Herzaction unter der ausschliesslichen Anwendung des Antipyrins, welche in den erwähnten 10 Fällen stattgehabt, sind den vorliegenden Aufzeichnungen der betreffenden Station schon einige beachtenswerthe Ergebnisse zu entnehmen. Soweit die Pulsfrequenz mit der Temperatur zusammengeht, wurden die gewaltigen Unregelmässigkeiten, welche das Antipyrin im Gange der Temperatur hervorruft, auch auf den Puls übertragen; dessen Frequenz wurde dementsprechend nicht selten Abends eine geringere als Morgens und steigerte sich zu einer bedeutenderen Höhe mit dem compensirenden Ansteigen der Temperatur nach einem grossen Antipyrineffecte; wo dieser aber in erwünschtem Maasse gegeben war, zeigte sich gerade der Einfluss auf die Pulsfrequenz viel weniger prompt; wenn es auch zu einer Verlangsamung gekommen ist, so stellte sich diese erst später ein, nachdem die Temperatur schon einige Stunden auf ihrem erreichten Tiefstand verharrt hatte (in Muldenbildung); sie machte sicher wieder einer Beschleunigung Platz bei dem meist rapiden Wiederansteigen der Temperatur; auf diese Weise waren durch den ganzen Verlauf hindurch höhere Zahlen der Pulsfrequenz gegeben, als wir sie bei der Bäderbehandlung beobachtet haben; doch muss hierbei besonders bemerkt werden, dass die dem Typhusprocesse eigene mässige Pulsfrequenz auch hier zur Geltung kam; es handelte sich in den gewöhnlichen Fällen um Beschleunigungen von etwas, doch nicht viel über 100 Schlägen, die wir eben bei fortgesetzter methodischer Bädereinwirkung nicht oder nur vorübergehend zu erreichen gewohnt sind. Darin also äusserte sich der

Unterschied unserer Fälle von den mit Antipyrin behandelten, so dass man bezüglich der Pulsfrequenz immerhin sagen kann, der Puls wurde in diesen nicht gerade ungünstig beeinflusst, aber doch auch nicht so günstig, wie in jenen. In Bezug auf Qualität ist das Urtheil weniger vortheilhaft, nicht blos wird die Hebung des Pulses, diese eminente Wirkung des kalten Bades, hier vermisst, sondern es zeigte sich auch in vielen Fällen kürzere oder längere Zeit Dikrotie, und in vollem Einklang mit anderen Angaben kann ich aus meinen Beobachtungen constatiren, dass gerade bei ergiebiger Antipyrinwirkung auf die Temperatur der Puls unterdrückbarer wird. Hebung der Diurese trat nicht ein. Zu Collapstemperaturen oder wirklichem Collaps ist es nach den Aufzeichnungen aus den erwähnten 10 Fällen zwar nie gekommen, aber es findet doch die Thatsache an dieser Stelle die geeignete Erwähnung, dass darunter 5 mal ein sehr bedeutendes, über den ganzen Körper verbreitetes Antipyrinexanthem vorhanden und damit 1 mal eine dermatitische Schwellung des linken Armes und des linken Fusses verbunden war; 1 mal fiel ein blutiger Stuhl mit der Antipyrinmedication in grossen Dosen zusammen, woran natürlich keine Folgerung geknüpft werden soll. Schweisse und Erbrechen fehlten in keinem Falle. Entgegengesetzte Erfahrungen sollen durch die Beobachtungen eines so kleinen Materials nicht als unrichtig hingestellt werden, aber letztere müssen als genügend anerkannt werden zur Rechtfertigung des Verzichtes auf diese Therapie da, wo man mit einer anderen mehr zu erreichen vermag, und zwar ohne Gefahr; dass eine solche für das Herz gegeben ist, zeigen gerade die Mahnungen zur Vorsicht von einer Seite, wo man sich empfehlend für Antipyrin ausgesprochen hat. (Guttmann, May u. A.). Es kann die Herzthätigkeit schädigen, wenn sie durch Hyperthermie und Infection bereits insufficient geworden; in solchem Falle gebietet die Darreichung einer vollen Antipyrindosis (2 + 2 + 1) gewiss eine reiflichere Ueberlegung, als die eines kalten Bades. Doch wo die Individualität des Kranken, Complicationen oder äussere Verhältnisse gegen die Anwendung der Bäder überhaupt oder gegen deren methodischen Gebrauch — Tag und Nacht — einen wirklich berechtigten Grund bilden, wäre es einseitig, angesichts einer hohen Continua oder Subcontinua die prompte antipyretische Wirkung dieses Medicamentes zurückzuweisen; doch scheint mir eine Ueberschreitung der von Filehne empfohlenen Tagesdosis (2 + 2 + 1 Grm.) unter keinen Verhältnissen räthlich. Mehr als ein Wagniss ist es zu nennen, wenn man in Uebertragung der Brand'schen Badeformel auf !die medicamentöse Behandlung, d. h. „so oft die Temperatur bei 3 stündiger Messung 39° C. überschreitet, 1 bis 1,5 Grm. Antipyrin" reicht; dies macht des Tags 8—12 Grm.

Zu welcher Gesammtdosis man hierbei gelangen kann, zeigte Clement in Lyon, der nach dieser Behandlungsweise bis zu 220 Grm. Antipyrin reichte, und M. Draper in New-York, der bei einem Kranken in 23 Tagen 334 Grm. und in einem anderen Falle in 30 Tagen 350 Grm. verordnete; dieser ist tödtlich, jener in Genesung verlaufen.

*ad 3.* Die Erscheinungen von Seite des Nervensystems in den von uns beobachteten Typhen sind vor Allem geeignet, zu zeigen, dass es nicht eine grössere Milde der heutigen Infection, sondern nur die Therapie ist, welche sie uns in einer günstigeren Gestalt zeigt. Unsere an Typhus erkrankten Soldaten haben schon vor dem Eintritte in das Lazareth nach einem mehr oder weniger langen Müdigkeitsgefühl einige unruhige Nächte unter Kopfschmerz verbracht, jedoch immer Morgens den Dienst wieder angetreten, so lange eine Morgenremission ihnen dies ermöglichte; erst wenn eine solche nicht mehr das Subjectivbefinden so sehr zu bessern vermochte, also bei Beginn der Akme, melden sich die Leute zum Arzt. Der Zustand, in welchem sie dem Lazarethe zugeführt werden, ist meist schon der der Betäubung, die natürlich noch mehr ausgeprägt ist, wenn schon mehrere Tage der Akme abgelaufen sind; er ist heute subjectiv und objectiv noch derselbe, wie wir ihn vor 25 und 30 Jahren zu sehen gewohnt waren.

Nur der weitere Gang der Krankheit ist ein anderer geworden. Damals wurde am 2. Tage das Typhusbild noch klarer als am 1.; wenn auch die lang entbehrte Ruhe, ein kalter Umschlag u. s. w. und eine schwache Morgenremission die Erscheinungen etwas gemässigt haben, so brachte der Abend sicher die nicht zu verkennenden Anfänge des Status typhosus, der die allenfalls gestern noch unsichere Diagnose feststellen liess: der Kranke war schon schwerhörig, somnolent, fing an, sowie er die Augen geschlossen, irre zu reden; die Zunge war trocken, das Gesicht war geröthet, Puls beschleunigt, Temperatur hoch u. s. w. In den folgenden Tagen reagirte der Kranke schon Mittags träge oder gar nicht auf Anrufen, und wenn er es versuchte, die trockene Zunge zu zeigen, gelang es kaum, sie zitternd über die Zahnreihe hervorzubringen; nun murmelnde Delirien, Spielen der Finger mit der Bettdecke, unfreiwillige Entleerungen, bald weitere Steigerung zur sogenannten torpiden oder versatilen Form der Infectionserscheinungen von Seiten des Gehirns.

Kein Kranker hat damals während des Tages oder der Nacht geschlafen; in den Sälen herrschte besonders in der Nacht die grösste

Unruhe: die fortwährenden Delirien, Fluchtversuche, unfreiwillige Entleerungen 6—8 Typhuskranker in einem Saale nahmen ununterbrochen die Thätigkeit der Wärter in Anspruch und störten auch die Nachtruhe der anderen Kranken. Dort wo der Typhus exspectativ-symptomatisch behandelt wird und nicht eine geringere Malignität hat als früher, muss es heute noch gerade so sein. Für uns ist dies nur eine Reminiscenz, die ich mir gestattet habe, um den heutigen Stand der Sache besser beleuchten zu können. Die Umänderung unserer Typhen vollzieht sich vom 1. auf den 2. Tag und die Betäubung und Depression macht schon nach den ersten Nachtbädern einem erhöhten Nervenleben Platz: der Kranke antwortet rasch und richtig und äussert sich befriedigt; er hat freie willkürliche Bewegungen, nimmt selbständig zu sich, was ihm angeboten wird, und schläft, wenn auch nur kurz, aber ruhig u. s. w. Im Zusammengehen mit den Wirkungen der Bäder auf Temperatur, Puls und Respiration ist der Krankheitszustand, der Abends vorher diagnostisch kaum zweifelhaft schien, fast zweifelhaft geworden, namentlich wo Milzschwellung, Roseola, Diarrhoe u. s. w. der Diagnose noch nicht entgegengekommen sind. Nur eine einmalige Beobachtung der Art und Sicherheit, mit welcher sich diese Veränderung nach 4—6 Nachtbädern vollzieht, genügt, um den causalen Zusammenhang zu erkennen und auch die Ueberzeugung zu gewinnen, dass es einer consequenten Fortsetzung dieser Therapie gelingen müsse, den weiteren Verlauf in gleicher Weise zu mässigen und in Schranken zu halten.

Es lässt sich in der That die Behauptung vertreten und durch den Versuch controliren, dass es der Consequenz und Energie dieser Therapie gelingt, durch eine 1- bis 4- und selbst mehrwöchentliche Akme die Function der nervösen Centren aufrecht zu erhalten: leichte Delirien bleiben Ausnahmsfälle, es kommt weder zur versatilen noch zur stupiden Form des Typhus, daher auch für uns diese Unterscheidung als Indication für wärmere, bezw. kältere Bäder nicht vorliegt, sowie wir auch die verschiedenen früheren Eintheilungen des Typhus nach Intensitätsgraden der nervösen Symptome nicht verwerthen können. Es kommt kaum mehr vor, dass ein Kranker sein Bett oder das Bad verunreinigt; er verlangt die Leibschüssel und das Uringlas; es kommt auch nicht zur Harnverhaltung, die doch früher so häufig den Katheterismus beanspruchte; der Kranke schläft ruhig in den Zwischenpausen der Bäder, er liegt auf allen Seiten, wie er es eben gewohnt ist, nimmt selbst sein Trinkglas und seinen

Teller zur Hand; er kann, was zwar nicht gestattet wird, selbst zum Bade gehen, wenn auch waukend, bleibt im Bade aufrecht sitzen und bewegt sich auf Zureden, unaufhörlich mit den Armen sich selbst abreibend u. s. w.

Es tritt nie die Indication heran, Erregungszustände durch Narcotica zu bekämpfen. Es ist seit 15 Jahren nicht mehr vorgekommen, dass ein Typhuskranker aus dem Bette gesprungen oder gar gewaltthätig gegen sich und Andere gewesen wäre. Wir haben keine nervösen Nachkrankheiten oder Psychosen mehr beobachtet.

Aber es ist zu bemerken, dass es nur der vollen Strenge der Behandlung gelingt, das zu erreichen, was hier angegeben ist; eine Unterbrechung der Badebehandlung — sei es auf Contraindication oder zum Versuche — lässt schon in kurzer Zeit das Bild hervortreten, das durch die Bäder zurückgedrängt war. Es vermochte deshalb auch die combinirte Behandlung nicht im Entferntesten die leichten und schweren Nervensymptome so vollständig niederzuhalten, wenngleich diese auch hier in keinem Verhältnisse mehr gestanden haben zu den früheren Zuständen.

Die Klarheit des Sensoriums, die Freiheit der Bewegungen, der erquickende Schlaf u. s. w. kommen hierbei nie in dem Grade wie bei der Bäderbehandlung allein zur Entwicklung, auch wenn ernstere Zufälle nicht eintreten.

Die unangenehmen Nebenwirkungen des Chinin und noch mehr des Salicylnatron, besonders das lange anhaltende Ohrensausen, die Benommenheit bis zur Betäubung u. s. w. wirken entschieden hemmend auf die Entfaltung der belebenden Wirkung der Bäder ein; wenn dieser Vorwurf dem Antipyrin gegenüber auch nicht berechtigt erscheint, so gleichen die in den erwähnten 10 Fällen erzielten Effecte desselben doch nur einer Euphorie, wie sie durch eine mehr oder weniger anhaltende Abkühlung aus der Fieberhitze zu Stande kommt. Der Kranke liegt zwar ruhig und ohne Klage da, aber die Frische in Aussehen und Bewegung, wie es die anregende Wirkung der Bäder erzeugt, fehlt gänzlich. Es ist dies ein ganz anderer Zustand.

Es bedarf der Entschuldigung, dass hier in solcher Breite die Wirkung des kalten Bades auf die krankhaften Erscheinungen des Nervensystems besprochen wurde. Ich hielt es für angemessen, in den mit unantastbarer Wahrheitstreue dargelegten, recht zahlreichen Einzelheiten den Anstoss zu geben zu eingehenden Versuchen und zu einem endgültigen Urtheile, ob die Anhänger der Brand'schen Therapie sich getäuscht und zu viel gesagt haben, und ob irgend eine andere Therapie des Typhus dasselbe leistet. Zur Stütze meiner

Beobachtungen führe ich noch bezügliche Aeusserungen anderer Aerzte vor, worunter in erster Linie die Mittheilungen der schon mehrmals citirten Lyoner Aezte zu gewichtig und werthvoll erscheinen, um nicht in Bruchstücken vorgeführt zu werden. Tripier und Bouveret äussern sich in diesen Punkten wie folgt: „Der Kopfschmerz, ebenso die Schlaflosigkeit verschwinden in leichten Fällen schon auf die ersten Bäder, in schwereren Fällen erst nach 5—8 Tagen. Man sieht gar nicht selten, dass der Typhuskranke schon im ersten Bade sein Delirium verliert, zunächst nur auf kurze Zeit, nach 2- bis 3 tägiger Bäderbehandlung aber gänzlich. Auch die schweren nervösen Affectionen, Delirien und Krampfformen mindern sich und gehen unter Wärmeentziehung zurück; desgleichen giebt diese Methode bei comatösen Zuständen, die früher sämmtlich letal geendet haben, bisweilen überraschende Resultate; diese fallen aber nicht immer mit Temperaturerniedrigung zusammen, sowie auch Delirium und andere Erscheinungen tieferer Störungen oft schon zurückkehren vor der Abkühlung des Körpers und bei noch länger anhaltendem hochfebrilem Zustand; wahrscheinlich beeinflusst das kalte Bad mehr oder weniger unabhängig von der Wärmeentziehung die genannten nervösen Krankheitserscheinungen. Die Folgezustände, welche der Typhus nicht selten im Nervensysteme setzt und zurücklässt, bleiben auch unter der Brand'schen Behandlung nicht gänzlich aus, aber sie sind seltener und leichter geworden ......"

Winternitz stellt den Einfluss der Hydrotherapie auf die Innervation an erste Stelle: „Zahlreiche infectiöse und nicht infectiöse fieberhafte Processe neigen zur Adynamie; schon bei den ersten Andeutungen der Depression von Seite des Nervensystems, der Eingenommenheit, dem Druckgefühl und Schmerz im Kopfe, der Unbesinnlichkeit, der Schläfrigkeit, der Müdigkeit und Muskelschwäche u. s. w. finden die thermischen und mechanischen Innervationsreize dringende Anzeige und meist überraschenden Erfolg. Es unterliegt kaum einem Zweifel, dass ihre rechtzeitige Anwendung das Auftreten höherer Grade von Adynamie (Sopor und Coma) verhütet. Manche Fieberformen zeigen im Gegensatze zu den eben besprochenen die Erscheinungen der verschiedensten Erregung in einem Theile oder im ganzen Nervensystem. Psychische Aufregung bis zu den furibundesten Delirien, krankhafte Steigerung der Innervation in sensiblen, sensorischen und motorischen Bahnen kommen bei fieberhaften Processen zur Beobachtung. Auch bei solchen Erregungszuständen besitzen wir in der thermischen Behandlung ein unschätzbares Beruhigungsmittel."

Stiller, von Winternitz citirt, sucht gleichfalls, unter Verwerfung der „Antipyrese um jeden Preis", den Stützpunkt der Behandlung in der Enthaltung der Kräfte und der Belebung des darniederliegenden Nervensystems; gerade diesen Zwecken diene auch das kalte Wasser in seinen verschiedenen, aber maassvollen Applicationen und dessen heilsame Wirkung sei nicht die antipyretische, sondern die nervenerregende. Jürgensen führt in seinem Lehrbuche die Symptome an, die auf eine richtig geleitete Wasserbehandlung des Abdominaltyphus aus dem Krankheitsbilde schwinden, und stellt oben an: „Die Hirnerscheinungen hören fast vollständig auf, es bleibt höchstens ein eingenommener Kopf und nur in den allerschwersten Fällen eine ganz vorübergehende Benommenheit, aus welcher der Kranke leicht erweckt werden kann. An die Stelle der dauernden Erregung des Hirns ist ein erquickender ruhiger Schlaf getreten."

Es ist darüber noch eine Erörterung zulässig, ob im Typhus die Functionsstörung des Herzens oder des Nervensystems dem Leben die grössere Gefahr bereitet. Da aber gerade die Anomalien von Seite der Nervencentren im „Status typhosus" ein Bild von der Höhe der Allgemeininfection geben und durch den peripheren Nervenreiz, den das kalte Bad auszuüben und in der consequenten Fortsetzung zu unterhalten vermag, herabgesetzt oder beseitigt werden, so liegt in der Bekämpfung der nervösen Erscheinungen der Schwerpunkt der Therapie und der Vorrang der Hydrotherapie; **die Hebung des Status typhosus ist das 1. Glied in der Kette der therapeutischen Erfolge**, an welches sich eine Minderung der Complicationen und der Todesfälle naturnothwendig anreiht. **Keine Mortalitätsstatistik kann zu Gunsten einer Therapie gedeutet werden, wenn diese den Status typhosus unverändert gelassen hat.**

*ad 4.* Nach einleitenden gastrischen Störungen, häufig mit Obstipation, im Initialstadium kommt es beim gewöhnlichen Verlaufe des Typhus im Beginne der Akme, oder auch erst in den nächsten Tagen zu mehr oder weniger reichlichen Durchfällen; deren Auftreten und, wenn auch nicht bestimmt charakteristische Beschaffenheit bilden mit Meteorismus und Cöcalgeräusch ein selten fehlendes Kriterium; sie halten von da ab durch die ganze Akme hindurch an in einer durchschnittlichen Häufigkeit von 4—6 Entleerungen des Tags; mitunter bleiben sie auf 2 und auch noch weniger beschränkt, häufiger überschreiten sie die erwähnte Durchschnittszahl bis zu 20 und 30 und selbst noch mehr. Die sehr oft auftretenden unfreiwilligen Entleerungen erschweren eine genaue Bestimmung;

manchmal dauern sie fort bis weit in die Defervescenz infolge eines lentescirenden Ganges der Vernarbung der Darmgeschwüre, steigern die Consumption und machen der Ernährung des Kranken Schwierigkeiten. Gewöhnlich aber schliessen sie mit der Akme ab; dann folgt eine hartnäckige Obstipation. Dass die Darmaffection sehr bedeutend in ihrer Heftigkeit schwankt, ist eine wohl gekannte Thatsache; sie zeigt sich nicht blos verschieden bei den einzelnen Individuen innerhalb derselben Epidemie, sondern die Epidemieen selbst sind sich in dieser Beziehung ungleich durch die grössere oder geringere Intensität der Darmerscheinungen; selbst grössere Zeitabschnitte unserer früheren Endemie haben eine Verschiedenheit dieser örtlichen Affection erkennen lassen. Eine zeitliche Ungleichheit in Quantität oder Qualität der krankmachenden Agentien ist als Ursache dieser Erscheinung noch nicht nachgewiesen, und so scheint die Annahme gestattet, dass unter gewissen Zeitverhältnissen eine allgemein erhöhte oder verminderte Reaction der Individuen gegeben ist, wie ja auch die individuelle Disposition zur Infection überhaupt zeitlich ungleich ist. Das Maass der örtlichen Affection ist der ärztlichen Beobachtung am Krankenbette nur in der Zahl der Durchfälle zugängig, aus welcher auf die Extensität der Darmdrüsen- und Schleimhauterkrankung geschlossen werden kann; die Intensität äussert sich durch die Erscheinungen der secundären Vorgänge in den Platten (Blutungen, Peritonitis u. s. w.). Ein ganz bestimmtes Verhältniss zwischen den allgemeinen und örtlichen (Darm-)Erscheinungen hat sich in unseren Typhen weder früher noch jetzt nachweisen lassen.

Die Minderung der Darmerscheinungen ist eine ganz evidente Wirkung des kalten Bades; nur eine kleine Reihe von Versuchen mit der strengen Methode, aber ohne jede Medication wird Jeden durch den Erfolg überzeugen und überraschen. Wir haben Durchfälle in nennenswerther Zahl nur bei den Zugehenden verzeichnet; nach 2—3 Tagen einer methodischen Bäderbehandlung haben sie meist für immer sistirt oder höchstens in einer Zahl von 1—2 Entleerungen täglich noch einige Zeit fortgedauert. Sind die Diarrhöen wirklich unter der Bäderbehandlung erst aufgetreten, so war dies in der Dauer einiger Tage und in einer Gesammtzahl von 1—2 Entleerungen. Sehr viele Kranke hatten während des ganzen Verlaufes der Krankheit nicht 1 mal Diarrhoe, sondern jeden 2. oder 3. Tag einen geformten Stuhl. Mehr als 4 diarrhoische Entleerungen des Tags finden sich in dem ganzen Material nicht verzeichnet, auch in keinem der tödtlich verlaufenen Fälle. In unseren Krankheitsgeschichten haben wir die Beschaffenheit der täglich stattgehabten

Entleerungen in „weiche, wässrige und geformte Stühle" ausgeschieden; in der Zusammenstellung wurden die ersten beiden Arten als „Diarrhoe" bezeichnet und nach dieser Fassung haben in den 221 streng-methodisch behandelten Fällen täglich auf 1 Typhuskranken durchschnittlich 0,7 Diarrhöen getroffen, und darunter waren, dies muss ausdrücklich bemerkt werden, die bekannten zweischichtigen Typhusstühle die viel weniger häufigen.

Ueber die Akme hinaus fortdauernde flüssige oder breiige Entleerungen kamen nicht mehr zur Beobachtung. Mit dieser Abnahme der Diarrhoe steht auch im Einklange, dass nie die früher und auch jetzt noch unter anderer Behandlung hin und wieder gebrauchten antidiarrhoischen Mittel, Opium, Tannin, Bismuth, Amylumklystiere, in Anwendung gekommen sind.

Meteorismus mit gespannter Bauchdecke haben nur solche Fälle erkennen lassen, welche beim Eintritt in das Lazareth schon ziemlich in die Akme vorgerückt waren; er ist nach den ersten Bädern zurückgetreten, unter der Bäderbehandlung aber nie weiter zur Entwicklung gekommen, als bis zum percutorischen Nachweis gelegentlich der Milzuntersuchung. Noch eine Wahrnehmung ist erwähnenswerth, dass nämlich die früher in der Defervescenz und auch Reconvalescenz nicht selten aufgetretene hartnäckige Obstipation (bis zu 8 Tagen und selbst noch mehr) in den mit Bädern behandelten Fällen nie ein Eingreifen benöthigt hat; die Reconvalescenten hatten gewöhnlich jeden 2. oder 3. Tag eine normale Entleerung: der Beweis einer intact erhaltenen Function der Darmmusculatur. Ich sehe davon ab, die diesbezüglichen Beobachtungen Brand's selbst heranzuziehen, aber den so völlig übereinstimmenden Mittheilungen von Tripier und Bouveret muss ich, als Stütze unserer Erfahrung und Darstellung, hier ihren Platz anweisen: „Die Diarrhoe wird in der Regel durch die Bäder zunächst vermindert, nach 5—8 Tagen aber gänzlich beseitigt, die sofortige Einleitung der Behandlung vorausgesetzt. Bei einem Typhösen im 8. Fiebertage wird die Zahl von 8—10 diarrhoischen Stühlen täglich während der nächsten 2—3 Behandlungstage schon auf 4—5 herabgesetzt, und nach 1 Woche oder noch etwas später steht die Diarrhoe gänzlich still. Aber ein grosses Gewicht muss hierbei auf die strenge Durchführung der Behandlung gelegt, auch sollte die Anwendung der kalten Rumpfumschläge nicht versäumt werden. Ebenso verhält es sich mit dem Meteorismus; er verringert sich zuerst und geht nach 5—8 Tagen gänzlich zurück."

Die Verhältnisse in unseren Fällen erscheinen noch etwas günstiger gestaltet; doch mag die Verschiedenheit des Krankenmaterials und besonders des Zeitpunktes des Spitaleintrittes, also der beginnenden Behandlung der Grund des gegebenen Unterschiedes sein. Die thatsächliche Wirkung der Bäder ist beiderseits zur Genüge dargethan.

Das Verhalten der im hiesigen Lazarethe gleichzeitig mit den meinigen, aber von diesen verschieden — mit Bädern und innerlicher Antipyrese — behandelten Fälle zeigt eine ziemlich bedeutende Verschiedenheit der Ergebnisse; es trafen hier auf eine Person täglich 1,9 Diarrhöen.

Zufall darf dieser Unterschied nicht genannt werden; er wiederholte sich in jedem Jahrgange in annähernd gleicher Weise und auch die Art der Feststellung „Diarrhoe" war nicht von der meinigen verschieden. Ob er in dem verschieden strengen Vollzuge der Bademethode oder in dem Gebrauch oder Nichtgebrauch eines Medicaments seine Vorzüge hat, lasse ich unentschieden: für mich steht fest, dass die Bäder sistirend, Chinin sowie Salicylnatron aber fördernd in Bezug auf die Diarrhoe einwirken.

Es sollten zwar aus dieser Erörterung, die sich blos die Beobachtung über den normalen Verlauf des Typhus unter Bezug auf die Therapie zum Gegenstand gemacht hat, Mortalität, Complicationen und andere Anomalien u. s. w. ausgeschlossen bleiben, doch möge an dieser Stelle der Hinweis darauf gestattet werden, dass unter den 221 streng methodisch behandelten Fällen nur 2 mal blutige Stühle, nie Peritonitis — weder einfache, noch perforative — aufgetreten sind.

Bekanntlich hat Brand der frühzeitigen Einleitung seiner Behandlungsmethode die Fähigkeit zugesprochen, die Bildung von Darmgeschwüren aufzuhalten, d. h. den krankhaften Localvorgang auf die Infiltration des Drüsenapparates zu beschränken.

Der anatomische Beweis für diese Annahme, der ich mich anschliesse, ist aus wohl begreiflichen Gründen schwierig, ebenso auch der Gegenbeweis.

Verfolgt man den Verlauf der vom Beginn einer Bäderbehandlung unterworfenen Fälle bis zum Abschlusse, so wird man sofort erkennen, dass man nach den Symptomen von Seite des Darmtractes nicht mehr die Entwicklung der anatomischen Veränderungen erkennen und verfolgen kann, welche seinerzeit der Wocheneintheilung des normalen Typhusverlaufes zu Grunde gelegt ward: in der 1. Woche Infiltration der Drüsenfollikel und Platten mit nur ganz geringer Diarrhoe oder, was häufiger, mit Obstipation, in der 2. bezw. auch 3. Woche Schorfbildung in den ergriffenen Drüsen mit mehr oder weniger heftigen Durchfällen, Meteorismen, Blutungen und weiteren örtlichen

Complicationen; dabei gänzliche Appetitlosigkeit und die charakteristische fuliginöse Beschaffenheit der Zungenschleimhaut u. s. w., in der 3. bezw. 4. Woche, dem Stadium der Entfieberung, Ablösung der Schorfe mit oft ganz plötzlichem Authören der Darmerscheinungen, nachdem Tags znvor noch reichliche Durchfälle und hochgradiger Meteorismus bestanden hatten; ebenso plötzlich Wiederkehr der Esslust, mitunter ernste Darmblutung aus zerrissenen Gefässen bei Schorfabstossung.

Dann Vernarbung der Geschwüre im Stadium der Reconvalescenz, Heisshunger, Obstipation noch längere Zeit hindurch. Nach den Wahrnehmungen des Verlaufes unter der Bäderbehandlung kann man nicht mehr diese Beziehungen zwischen Fieberverlauf und Localerscheinungen wiedererkennen; ersterer ist zwar gemässigt, aber in seinem Typus erhalten, letztere sind fast gänzlich zurückgedrängt, und wenn sie aufgetreten, auf den Zeitraum weniger Tage, meist anfangs, beschränkt geblieben. Man kann sagen, die kalten Bäder haben den Localvorgang in Schleimhaut und Drüsen in bessere Wege geleitet, ebenso wie es schädlichen Factoren möglich ist, demselben eine schlimme Wendung zu geben; durch unzweckmässiges Verhalten im Prodromal- oder Initialstadium, namentlich durch die Consistenz der Kost wird der Darmaffection und oft auch dem Allgemeinverlauf ein ernsterer Charakter aufgeprägt, und, wie wohl schon jeder Arzt erfahren hat, hat ein Diätfehler, oft nur der erste Bissen consistenter Nahrung in einem der weiteren Stadien gereicht, nicht selten verhängnissvolle Bedeutung für die örtliche Affection. Es kann die Nekrosirung und Abstossung gefördert, bezw. verfrüht und auch auf der gereinigten Geschwürsfläche eine Ausschreitung des örtlichen Processes (Peritonitis u. s. w.) zu Stande gebracht werden.

Dass derartige äussere Einwirkungen — physikalische oder chemische — pyrogen wirken, ist eine Thatsache, die man nach den heutigen Kenntnissen als eine neue Invasion der Typhuspilze aus ihren Depots in das Blut deutet, analog den Recrudescenzen bei schon eingeleitetem und den Recidiven bei schon abgeschlossenem Rückgange des Fiebers, welch beide Vorgänge bei fehlendem Nachweise eines äusseren Irritamentes auf eine spontan gesteigerte Reaction des Gewebes der Darm- oder Mesenterialdrüsen zurückzuführen sind.

Ebenso wie in allen anderen Organen und Geweben eine Verbesserung der Stromverhältnisse, d. h. eine Beseitigung der Ungleichmässigkeit der Blutvertheilung — Stauung in der Peripherie — durch den tonisirenden Einfluss der Kälte bethätigt wird, ist dies auch im Kreislaufe der Darmschleimhaut der Fall; von einer solchen Wirkung können die capillaren Gefässgebiete der bacillär-infiltrirten Drüsenfollikel und Platten nicht ausgeschlossen bleiben; deren Gewebe, welches durch Kreislaufstörung gefährdet und der Nekrose nahe gebracht ist, kann durch eine Umgestaltung der Blutdrucksverhältnisse, wie sie der fortgesetzte Einfluss der Kälte auf die Peripherie zu schaffen vermag, nur günstig berührt werden. Es wird den deletären Wirkungen der hier massenhaft und besonders in tiefen Schichten der Plaques und in den Mesenterialdrüsen (Seitz) abgelagerten Mikroorganismen nachhaltig entgegengetreten, bis der typische Gang der Elimination der letzteren gänzlich abgeschlossen oder wenigstens zum Stillstande gebracht ist. Eine Abkürzung des Verlaufes dadurch, dass durch thermische Wirkung den pathogenen Wesen schon in der Weiterentwicklung in den Drüsen der Untergang bereitet werde, also eine specifisch-abortive Wirkung, kann der Bäderbehandlung wenigstens nachweislich nicht zugeschrieben werden; sie erhält nur die Lebensvorgänge in den kranken und gefährdeten Geweben aufrecht, was natürlich um so leichter gelingt, je weniger die Ernährungsverhältnisse in dem erkrankten Theile schon gestört worden sind.

In dem stetigen Nachlasse der Diarrhöen und des Meteorismus einerseits und dem ebenso stetigen Abfalle der Temperatur von Tag zu Tag andererseits darf man nicht blos eine gemeinschaftliche Wirkung des Kälteeinflusses, sondern auch einen gegenseitigen Causalzusammenhang erkennen, insofern als mit der Mässigung und besseren Gestaltung der Vorgänge an den Ablagerungsstellen der Pilze — Verhütung der Nekrose — auch die Beschränkung der Vervielfältigung und Invasion dieser Gebilde in das Blut erreicht wird.

So, meine ich, hat die Umgestaltung des örtlichen Verlaufes auch einen nicht geringen Antheil an der schon oft erwähnten Umwandlung der schweren Fälle in mittelschwere oder leichte. Nach dieser Vorstellung dürfte man von einer antityphösen Wirkung der Bäderbehandlung sprechen.

Dass unsere der strengen Bäderbehandlung unterworfenen Fälle nicht schon vom Anfange an zu den leichten Fällen gezählt werden konnten, ist bereits durch die Feststellung der durchschnittlichen Fieberdauer (2 Wochen Akme), der Höhe der Anfangstemperatur und der Häufigkeit der Bäder dargethan; diese Factoren deuteten auf mehr als mittelschwere, theils sehr schwere Fälle, nur der Verlauf, der ja durch die Therapie bestimmt wird, war mittelschwer, theilweise sehr leicht. Ferner muss hier constatirt werden, dass auch keine abortiven Fälle unter den hier angeführten Typhen sich befunden haben; wir haben es nur mit ausgebildeten Formen zu thun gehabt. Wohl sind unter den Fällen, die wir nicht herangezogen haben, gar manche gewesen, die auf Grund des Entstehungsortes und der einzelnen Erscheinungen, die namentlich anfangs intensiv waren, sehr wohl hätten als Typhus bezeichnet werden dürfen, wenn nicht die Kürze ihres Verlaufes und das Bestreben, die Statistik unserer Typhen tadellos zu erhalten, davon abgehalten hätte; daher kommt es auch, dass wir die Rubrik „fieberhafter Magen- und Darmkatarrh" etwas mehr besetzt haben, als der Wirklichkeit entsprechen dürfte. Es sind darin durch einzelne Fälle die drei Gruppen von „Abortivtyphen" Weil's, dessen Darlegung mir das Wesen solcher Fälle erst klar gemacht hat, vertreten. Die eine dieser Gruppen, wie sie Weil (1. Gruppe) als „Typhus von mittlerer Intensität, aber abgekürzter Akme" beschreibt, bildet den Uebergang zu den Typhen, die in unserem Materiale als Typhen mit 1wöchentlicher Akme bezeichnet sind und die unter dem Einflusse der Bäderbehandlung auf einer mässigen Höhe der Exacerbationen gehalten worden sind; es wird von Weil als Grundlage für die Bestimmung eines Abortivtyphus ausser einem rascheren Ansteigen und Abfallen eine kürzere Dauer der Akme und eine Gesammtfieberdauer bis zu 16 Tagen angenommen. Die genannten leichtesten Fälle unserer Kategorie „mit 1wöchentlicher Dauer der Akme" hatten eine Gesammtfieberdauer (Initium und Defervescenz mit eingerechnet) von nicht unter 18 Tagen.

Es ist kein Zweifel, dass es Uebergänge von abortiven Formen zu schweren Typhen giebt; auch sagt Weil selbst, er zweifle mit Jürgensen keinen Augenblick daran, dass man durch schlechte Behandlung, Vernachlässigung, Diätfehler einen Abortivtyphus zu einem schweren machen kann; ebenso betont Liebermeister, dass von dem schwersten Typhus zu den leichtesten und abortiven Formen alle nur denkbaren Uebergänge vorkommen.

Diese Uebergänge müssen aber auch in den anatomischen Vorgängen und nicht blos im Temperaturgange gegeben und nachweisbar sein. Weil spricht sich über den eben selten zu beobachtenden anatomischen Befund bei Abortivtyphus, sowie überhaupt über den Localprocess im Darme nicht näher aus; er giebt an, dass nach seinen Beobachtungen in 66 Proc. Durchfälle u. s. w. und in 28 Proc. Meteorismus bestanden hat; endlich in 90 Proc. Milztumor, frühzeitig und keinesfalls kleiner als in ausgebildeten Fällen. Liebermeister scheidet den Befund in unausgebildeten Fällen dahin aus, dass es bei abortiven Typhen, also bei kurzem, aber oft sehr stürmischem Verlauf zwar anfangs zu bedeutender, ausgedehnter Schwellung der

Platten kommen könne, dass aber sehr früh die Rückbildung beginne und die Verschorfung und Geschwürsbildung gar nicht oder höchstens in sehr geringer Ausdehnung stattfinde.

Beim Typhus levis, den Liebermeister den kurzdauernden (abortiven) Formen gegenüberstellt und oft von sehr langer Dauer, bis zu 4 Wochen, bei mässigen übrigen Erscheinungen beobachtet hat, ist nach ihm die markige Infiltration nur von geringer Intensität und Extensität, die Verschorfung finde in der Regel nur an kleinen Stellen statt; wahrscheinlich komme es in vielen Fällen gar nicht zur Verschorfung und Geschwürsbildung, doch können ausnahmsweise kleine tiefgreifende und selbst perforirende Geschwüre entstehen.

Also wenn Liebermeister richtig verstanden ist, kommt es beim abortiven Typhus nicht oder nur sehr wenig ausgedehnt zur Verschorfung, weil die Dauer der oft bedeutenden Infiltration zu kurz ist, und beim Typus lev. kommt es nur zu geringer oder zu gar keiner Verschorfung, weil die Intensität der Infiltration zu gering ist.

Der Verlauf dieses Typhus levis ist nach Liebermeister in manchen Fällen ganz der gewöhnliche bezüglich der Dauer des Fiebers; diese hat sich oft auf 4 Wochen erstreckt, während welcher aber nirgends schwere oder bedrohliche Erscheinungen aufgetreten und nie eine eingreifende Therapie erforderlich war. Die Temperatur entsprach ganz derjenigen der schweren Fälle, nur mit dem Unterschiede, dass sie etwa um $1^0$ C. niedriger verläuft. Nach Jürgensen beruht der leichte Typhus nicht so sehr auf leichter Infection, als auf der grösseren Widerstandsfähigkeit des Organismus, in welchem das Gift sich nicht genügend reproduciren kann.

Dasselbe durch ärztliches Zuthun zu erreichen, was hier vom Beginne an durch geringe Infection oder auch durch die Individualität schon gegeben ist, ist das Programm und auch die wirkliche Leistung der streng methodischen Bäderbehandlung; dies kann in jedem Einzelfalle ad oculos demonstrirt werden durch Weglassung der Bäder auf die Dauer von 24 Stunden, ist aber auch jeder fertigen Curve zu entnehmen: wenn 2 Stunden nach dem Bade die Temperatur schon wieder auf $39^0$ und darüber gestiegen ist, wird man sich in der Annahme nicht täuschen, dass sie nach 3 Stunden — ohne Verabreichung eines Bades — noch höher gestiegen wäre, und es also gar nicht anders sein kann, als dass die Durchschnittstemperatur aus den 2 stündigen Messungen des Tages um $1-2^0$ C. herabgedrückt wird; da, wie schon oft erwähnt, die übrigen Erscheinungen, so auch die des Darmtractes, noch günstiger beeinflusst werden, als die der Temperatur, so unterscheiden sich unsere Fälle — vorausgesetzt die frühzeitige Einleitung der Behandlung — in nichts von diesen von Hause aus leichten Fällen nach der Beschreibung Liebermeister's.

Ist man nun geneigt, die Liebermeister'sche Auseinandersetzung bezüglich der Seltenheiten der Verschorfung bei diesen genuin leicht verlaufenden Fällen sogar mit 4 wöchentlicher Fieberdauer anzuerkennen, so darf man sich auch der Annahme nicht widersetzen, dass bei den unter therapeutischem Einflusse ebenso leicht und von gleicher Dauer (bis 3 Wochen Akme) verlaufenden Fällen es gerade so selten und wenig zur Geschwürsbildung kommt — die frühzeitige Einleitung der Bäderbehandlung vorausgesetzt; es ist dies ein Theil ihrer prophylaktischen Gesammtwirkung.

Dies giebt noch Anlass zu einigen allgemeinen Bemerkungen über Darmblutung.

Die Frage über die grössere oder geringere Häufigkeit der Blutungen nach Einführung der Kaltwasserbehandlung ist noch nicht endgültig entschieden. Zum Verständniss der Bedeutung dieser Frage scheint es zweckmässig, in dieser Beziehung wie in der Prognose die frühen und späten Blutungen auseinanderzuhalten. Theoretisch lässt sich immer noch die Anschauung wenigstens vertreten, dass die ziemlich gewaltige Einwirkung der Kälte auf die Körperoberfläche durch Druckerhöhung in dem schwammigen Infiltrate der Drüsenplatten, also in der früheren Periode des Typhus, Blutungen erzeugen könne, aber praktisch ist diese Annahme widerlegt, denn gerade da, wo streng methodisch gebadet wird, sind diese Frühblutungen seltener geworden und da, wo sie vorkommen, stehen sie überhaupt an Bedeutung zurück gegen die späteren; so muss wenigstens Wunderlich's Mittheilung verstanden werden, welcher die Darmblutung durch die Bäder sich vermehren, dabei aber die Mortalität unbeeinflusst sah. Dies wäre doch befremdend, wenn es sich hierbei um eine grössere Häufigkeit der Blutungen durch Schorfabstossung gehandelt hätte; was diese Art von Blutung betrifft, so kann die Bäderbehandlung auf ihr häufigeres Auftreten keinen Einfluss haben, denn dieses fällt in das Stadium der beginnenden Remissionen, bezw. der steilen Curven, in welchem die Zahl der Bäder schon ganz bedeutend herabgesetzt, oder auch, wenn nur mehr Abends eine mässige Exacerbation stattfindet, gar nicht mehr gebadet wird. Eine schädliche Nachwirkung der in der Akme gereichten vielen Bäder lässt sich aber nicht wohl annehmen, im Gegentheil haben diese prophylaktisch gewirkt durch Mässigung des Localprocesses; denn wir haben unter dem Einflusse der Bäderbehandlung, nun seit 15 Jahren, keine solche Blutung mehr gesehen.

Ueberzeugt von diesem günstigen Einflusse auf die Localaffection, halte ich es für nicht richtig, sich thatlos der Macht der Infection in ihrer örtlichen und allgemeinen Wirkung zu ergeben, oder gar sich der Meinung hinzuneigen, man könne auch nicht einmal örtlich schaden, wenn es nur gelingt, durch ein Medicament einen recht prompten Temperaturabfall zu erzeugen. Ueber eine Reihe solcher Stoffe hat die Erfahrung bereits abgeurtheilt. Die Rücksichtsnahme auf die örtliche Affection war mir zum Theil Beweggrund, selbst auf die Calomeltherapie zu verzichten.

Die Ansichten der Kliniker über die „coupirende Wirkung" des Calomels im Typhus sind getheilt; ein kleiner Theil nimmt eine solche noch bedingungslos an, Andere weisen sie gänzlich zurück (Weil), oder legen sich die Calomelwirkung nach einem anderen Gesichtspunkte zurecht. Nach der einen Anschauung wäre die nicht abzusprechende Temperaturerniedrigung auf Calomel zwar nicht als störende oder abführende Wirkung auf die Bacillen, sondern als Folge einer chemischen Einwirkung auf die löslichen Ausscheidungsproducte dieser Gebilde — Typhoptomaine — denkbar (Fürbringer); v. Ziemssen, ebenfalls eine abortive Wirkung nicht anerkennend, schliesst sich darin Liebermeister an, dass er, wie dieser, bei frühzeitig eingeleiteter Calomelbehandlung einen im Allgemeinen etwas milderen Verlauf sowohl in Hinsicht auf das Fieber, als auch die Localaffection constatirt zu haben versichert; er bezeichnet die Wirkung des Calomels, resp. Sublimats als eine möglicherweise sterilisirende in Bezug auf die im Darme vegetirenden Bacillen.

In Mitte der divergirenden Meinungen über Wirkung und Wirkungsweise einer Therapie ist es dem Praktiker nicht zu verwehren, wenn er der Wahl seine selbständigen Erfahrungen zu Grunde legt.

In den hiesigen Spitälern wurde in Mitte und Ende der 50er Jahre noch jedem Typhuskranken, der sich nicht in vorgerücktem Stadium befand, Calomel in halben Scrupeldosen gereicht; es wurde wieder, wie schon einmal viele Decennien vorher, aufgegeben, weil man die erwartete vermeintliche Abortivwirkung nicht bestätigt fand. Ueberdies war zu unlieben Erfahrungen, wo es ziemlich viel zur Anwendung gekommen, mannigfache Gelegenheit gegeben; wenn auch nicht oft und auch nicht mit Salivation, konnten wir doch sehr schlimme Stomatitiden beobachten, welche bei der ohnehin erkrankten und Zersetzungen preisgegebenen Mundschleimhaut oft von intensiven Folgen waren.

Dann hat nicht selten die Wirkung des Calomel die Zahl der erwünschten Anfangsentleerungen nicht blos überschritten, sondern den ganzen Verlauf hindurch sich als Neigung zu verstärkter Diarrhoe geäussert; im Einzelfällen waren sogenannte diphtheritische Entzündungen im Colon mit charakteristischen Ausleerungen und schlimmem Ausgange die unverkennbare Folge toxischer Einwirkungen — ganz conform mit den Erscheinungen, wie sie Greifenberg bei der Sublimatmedication beschreibt. Ob nicht auch die damals im Typhus häufig beobachtete hämorrhagische Diathese hin und wieder durch die Quecksilberwirkung erzeugt wurde, bleibt fraglich. Aber wir haben wohl Alle damals die Lehre gezogen, dass die abortive Wirkung illusorisch, die abführende Wirkung zwar eine indifferente, so lang sie mässig, aber eine schädliche war, wenn sie das Maass überschritten hat.

Trotz gegentheiliger Meinung anderer Aerzte möchte ich doch hier wieder hervorheben, wie ich der peinlichen Vermeidung eines jeden Einflusses, der die Peristaltik des Darmes erhöht, einen Antheil an der so ausserordentlich geringen Intensität der Darmerscheinungen unserer Typhen zuschreiben zu dürfen glaube; wie den Reiz durch nicht entsprechende Nahrung, so halte ich den chemischen Reiz auch der anerkannt am wenigsten reizenden Abführmittel Calomel und Ol. ricini für nicht gleichgültig, eventuell für nachtheilig; ein Salz zu reichen, würde ich nie wagen.

Es wurde um so mehr von der frühzeitigen und späteren Anwendung eines Abführmittels im Typhus grundsätzlich abgestanden, als in der Obstipation im Beginne oder am Schlusse des Typhus nie eine dringende Indication zu einem solchen zu erkennen ist; im gegebenen Falle wäre durch ein nicht zu reichliches Klysma der Zweck vollkommen zu erreichen. Kalte Klysmata behufs Temperaturerniedrigung möchte ich aus oben erwähnten Rücksichten (Steigerung der Peristaltik) ganz entschieden widerrathen.

Da die sofortige Einleitung der methodischen Bäderbehandlung den allerdings tieferen, aber dafür nur vorübergehenden und dann oft übercompensirten Abfall der Temperatur auf Calomel durch eine allmähliche, aber constant bleibende Mässigung der Temperatur zu ersetzen und auch den weiteren Verlauf, örtlich und allgemein, aufs Günstigste zu beeinflussen vermag, so wird die Unterlassung der initialen Calomeltherapie wenigstens nicht als Fehler anzurechnen sein.

Der hohen Bedeutung wegen muss auch noch in kurzen Zügen die Ernährung unserer Typhuskranken besprochen werden, weil sie nur unter der Bäderbehandlung eine den heutigen Anschauungen entsprechende sein kann. Die Grundsätze der Ernährung der Fiebernden, wie sie durch Uffelmann, Hösslin, Bauer und Künstle geschaffen worden sind, haben den Boden der Theorie noch kaum verlassen. Man weiss, dass Eiweisszufuhr das Fieber nicht steigert, und dass bei mässigem Fieber die absondernden und resorbirenden Apparate in ziemlich gleichem Grade noch fungiren wie beim Gesunden, in praxi aber hungert der Kranke durch die Akme hindurch nicht viel weniger als früher; nicht weil der Arzt allenfalls noch dem Grundsatze der absoluten Diät der früheren Zeit huldigt, sondern weil der Zustand und die Abneigung des Kranken jetzt noch ebenso wie damals sich der Nahrungszufuhr widersetzen. In der Defervescenz wird allenfalls dem Kranken etwas kühner und früher nahrhafte Kost gereicht, weil er das Verlangen äussert.

Nur unter der Bäderbehandlung wird es durchführbar, das zu reichen, was der gesteigerte Eiweisszerfall u. s. w. als Ersatz geboten erscheinen lässt.

Allen unseren Berichten über die reichliche Nahrungszufuhr vom ersten Tage ab wird unter dem gewohnten Eindrucke, der sich bei Beobachtungen hochfiebernder Kranker mit fuliginöser Zunge, Unvermögen der Deglutition wegen katarrhalischer, diphtheritischer oder specifisch typhöser Angina, fortgesetzter Diarrhöen, benommenen Sensoriums dem Arzte eingeprägt hatte und bei jeder anderen Therapie auch heute noch zur Geltung kommt, theils mit dem stillen Vorwurfe des „Zuviel", theils sogar mit Zweifel begegnet. Die Art, wie wir die Ernährung bethätigen, widerlegt diese Bedenken. Durch die ersten Bäder wird eben schon das erste Hinderniss gegen die Nahrungsaufnahme gehoben: die vorher trockene Zunge wird feuchter, es zeigt sich Verlangen, etwas zu geniessen, und das Vermögen, zu schlucken; durch die schon erwähnte Rückwirkung der Bäder wird die Function der intraabdominalen Organe, die bei hochfebriler Temperatur wirklich alterirt ist, erhöht, die Diarrhöen mindern sich und so kann jetzt schon Nahrung in geeigneter Form und Menge zugeführt werden.

Indem alle 2 Stunden, nachdem das Bad gereicht ist, sofort eine kleine Menge heissen Thees mit Cognac und circa $1/1-1/2$ Stunde darauf dem jetzt subjectiv erwärmten Kranken 1 Tasse Bouillon mit Ei, oder Flaumsuppe (Mehl, Ei und Milch) gereicht und dies auch bei Nacht fortgesetzt wird, gelingt es, dem Kranken eine ergiebige Menge beizubringen; in den nächsten Tagen, nachdem die Pausen zwischen zwei Bädern länger geworden, kann während dieser, also bevor die Temperatur schon wieder angestiegen, eine weitere Portion flüssiger Nahrung (Kaffee mit Milch, Milch, weiches Ei u. s. w.) verabreicht und so die Gesammtnahrungsmenge noch weiter erhöht werden. Der Uebergang zu einer consistenteren Nahrung wird gleichfalls in die Zeit der Remission verlegt, d. h. im Beginne der Defervescenz zuerst in den Mittag- oder Vormittagstunden, je nach dem raschen Ansteigen der Temperatur, das erste Mal ein Haché oder ein sogenannter Musauflauf gestattet; erst wenn die Abendtemperatur die Norm nicht mehr überschreitet, wird auch hier mit Menge und Consistenz der Kost gestiegen. So findet die ganze reichliche Nahrungszufuhr ausschliesslich in den anfangs zahlreichen und später grossen fieberfreien Intervallen statt, in welchen sie stets von Seite des Kranken gern genommen und bei der fortgesetzten Mässigung des Fiebers auch ohne jeden Nachtheil verdaut und assimilirt wird. Mit dem Sinken der Temperatur wird Eiweissstoff angesetzt; es erfolgt Wiederkehr der normalen Zellenthätigkeit (Bauer). Wo nicht gebadet wird, fehlt sowohl das Verlangen der Kranken nach Nahrung, in vielen Fällen durch die ganze Akme hindurch, als auch das Vermögen, sie in der reichlichen Zusammensetzung aus Eiweiss, Fett und Kohlehydrat, wie wir sie seit 15 Jahren bieten, zur möglichsten Erhaltung des Körperbestandes zu verwerthen; wollte man wirklich die genügende Menge zuführen, so könnte man allenfalls nur den Zeitraum der Intermission dazu benutzen, welche ein abendlich gereichtes Antipyreticum geschaffen hat; die unbehindert ansteigende Tagestemperatur schliesst Nahrungszufuhr aus.

Die Inanitionszustände, wie sie früher regelmässig zu Tage getreten, kennen wir nicht mehr. Es wäre sehr erwünscht, zur Beurtheilung des Werthes jeder Therapie, die sich günstiger Mortalitätsverhältnisse rühmt, darüber Aufschlüsse zu bekommen, mit welchen Gewichtsverlusten der Kranke aus der Akme hervorgeht und wie langer Zeit er bedarf, sein Anfangsgewicht wieder zu erreichen. Unter Berücksichtigung der möglichen Fehlerquellen würden sich schätzenswerthe Ergebnisse gewinnen lassen mit mannigfacher Enttäuschung über vermeintlich ergiebige Ernährung der Fieberkranken.

Dass vom Alkohol (Rothwein, Cognac) in der Akme als Reiz- und Sparmittel der ausgedehnteste Gebrauch gemacht wurde, ist schon angedeutet worden.

*ad 5.* Nach den früheren Schilderungen des Typhusverlaufes gingen die Wahrnehmungen in Bezug auf die Thätigkeit der Nieren dahin, dass durch die Akme hindurch ein quantitativ verminderter Fieberharn entleert werde, der häufig in der 2. Woche eiweisshaltig werde; beim Uebergang in die Reconvalescenz trete eine Vermehrung der täglichen Harnmenge ein, der Harn werde auffallend blass und wasserhell.

Alfred Vogel hat im Jahre 1856 festgestellt, dass auch im Anfange die Harnmenge nicht vermindert, sondern normal sei, bei grossem Durste vermehrt, bei starken Diarrhöen, profusen Schweissen oder schlechter Pflege der Schwerkranken, Soporösen, denen nicht häufig genug Wasser eingeflösst werde, vermindert; dann wurde constatirt, dass auf der Fieberhöhe in 24 Stunden mehr Harnstoff, als die Nahrung des Kranken vermuthen lasse, und eine normale, eher verminderte Kochsalzmenge ausgeschieden werde; schliesslich dass mit Nachlass des Fiebers bei Rückkehr sämmtlicher Functionen zur Norm trotz vermehrter Zufuhr stickstoffhaltiger Nahrungsmittel und trotz häufig vermehrter Urinmenge die Harnstoffmenge abnehme und unter die physiologische Mittelzahl trete.

Von den qualitativen Veränderungen war es ferner vor Allem der Eiweissgehalt, welchem eine hohe Bedeutung in der Prognose beigelegt wurde. Nach Vogel sind von 26 Kranken, welche Eiweiss als kleinflockigen Niederschlag im Urin hatten, 18 gestorben; von 61 Genesenen hatten nur 8 Eiweiss im Urin und diese 8 gehörten zu den schwersten Typhen und hatten eine langsame, häufig unterbrochene Reconvalescenz.

Das Eiweiss fand sich erst bei vollkommen entwickelter Krankheit, nicht im Vorbotenstadium, dauerte bei den Meisten wirklich oder fast bis zum Tode, und nach den hierbei gemachten Erfahrungen lässt Vogel nur Denjenigen, bei denen es nach 5 und vielleicht noch ein paar Tage später wieder verschwindet, einige Hoffnung auf Genesung.

Griesinger (1855) beobachtete in der grossen Mehrzahl der Fälle Eiweiss im Harn, aber nur vorübergehend, einige Tage lang; das erste Eintreten fällt nach Griesinger meist in die 2. Woche; die sparsame und kurz anhaltende Albuminurie hält er für nicht zusammenhängend mit dem Stande der übrigen Phänomene und ohne Einfluss auf die Prognose, wohl aber zählt er „eine anhaltende copiöse Albuminurie zu den schweren Fällen, die freilich oft genug auch genesen".

Leichtenstern (1871) nannte die Albuminurie eine sehr häufige Erscheinung im Typhus und berechnet aus 107 beobachteten Fällen 21,7 Proc. Albuminurie; sie trete meist auf der Akme ein, doch auch noch in der Defervescenz und selbst in der Reconvalescenz. In der Mehrzahl fehlten Epithelialcylinder im Harne; Leichtenstern legte prognostisch dieser Albuminurie, welche er damals auf passive Nierenhyperämie infolge geschwächter Herzkraft bezog, nicht die hohe Bedeutung bei, wie Andere.

Liebermeister (1886) erwähnt nur kurz die Häufigkeit eines geringen Eiweissgehaltes in der 2. Typhuswoche und das Vorkommen eines ausgebildeten acuten Morb. Brightii im Typhus meist erst in der Reconvalescenz, in sämmtlichen Fällen mit Genesung. Nach Seitz sind gewöhnlich in der 2. Woche grössere Mengen von Eiweiss im Urin.

Jürgensen findet Eiweiss im Harn auf der Akme schwerer Fälle sehr häufig, etwa in $1/3$ aller Fälle.

Uebereinstimmend hiermit giebt auch Weil (1885) Albuminurie in 32,3 Proc. der Fälle an. Von 31 Fällen war bei 22 Albuminurie schon beim Eintritt der Kranken zugegen; in 12 Fällen erst während des Spitalaufenthaltes vom 4. Krankheitstage an bis zur 6. Woche, also frühzeitiges Auftreten häufiger als spätes. Weil fand bei stärkerem Eiweissgehalt auch Epithelien, freie Zellen und Cylinder. Eine ausgebildete Nephritis mit folgender Niereninsufficienz (Hydrops, Urämie) erklärt er als eine ausserordentliche Seltenheit und bezeichnet auch die Fälle, wo es wirklich zu Nephritis kommt, nicht wie Gubler Robin u. A., als „renale Form des Typhus", sondern Typhus mit nephritischen Erscheinungen, weil das Typhusbild hierbei wenig oder gar nicht verändert und die nephritischen Erscheinungen (Oligurie, niederes spec. Gewicht, Allgemeinsymptome) nur unvollkommen ausgeprägt seien. Die einfache Albuminurie erklärt Weil in Uebereinstimmung mit anderen Klinikern für eine „abortive Infectionsnephritis", oder besser „infectiöse Albuminurie" ohne tiefer gehende Läsion der Nieren, welche nur in überaus seltenen Fällen prognostisch ungünstig zu beurtheilen sei.

Eichhorst beobachtete in einer Epidemie in Zürich bei 25 Proc. Fällen Albuminurie, in ephemerer, transitorischer und nephritischer Form. Die Therapie des Typhus war eine rein symptomatische; Mortalität 13,6 Proc. Todesursache meist plötzlicher Collaps, Pneumonie u. s. w.

Das Verhalten der Nieren in den methodisch mit Bädern behandelten Fällen tritt uns vor Allem als gesteigerte Function entgegen. Schon bei unseren ersten Versuchen mit dieser Methode machte sich der überraschende Unterschied der quantitativen Diurese im Vergleiche zu früher bemerkbar und wurde immer grösser, je vollkommener und strenger das Baden durchgeführt wurde.

Die Bestimmung der 24 stündigen Harnmenge wird in den Baracken der fiebernden Kranken mit sehr verlässiger Genauigkeit systematisch schon seit vielen Jahren durchgeführt; die Ergebnisse werden täglich eingetragen.

Die erste Messung bei den Kranken fasst meist nur den Harn von 12 Stunden in sich, weil der Kranke gewöhnlich nach Mittag oder etwas später zugeht; die übrigen Messungen beziehen sich auf den im Zeitraum von 24 Stunden — 8 Uhr Morgens bis zur selben Stunde des anderen Tages — entleerten Harn. Die in den ersten 12 Stunden gesammelte Harnmenge betrug im Durchschnitt 700 bis 800 Ccm. meist dunkeln, tief gelb gefärbten, nur manchmal mit reichlichem Uratniederschlage getrübten Urins; die geringste Menge war 300—400 Ccm. (in 12 Stunden).

Vom 2. Tag oder einem der nächsten Tage ab durch die ganze Akme und Defervescenz hindurch haben wir fast in allen Fällen Polyurie, und zwar im Durchschnitte aus den Berechnungen eines beliebig gewählten Jahrganges täglich 2900 Ccm. hellen und klaren Urins; diese Durchschnittsmenge ist zwischen den Maximal- und Minimalmengen von (abgerundet) 4000 und 1200 Ccm. gelegen.

Die Vermehrung der Harnmenge ist ganz unverkennbar, obwohl auch grössere Wassermengen zugeführt wurden, den kalten Bädern zuzuschreiben; sie ging nur etwas zurück, wenn diarrhoische Entleerungen erfolgten, was, wie schon erwähnt, als Seltenheit zu bezeichnen ist; die unter der Bäderbehandlung auf der Akme entleerten Harnmengen waren grösser, als diejenigen bei der Entfieberung und Reconvalescenz aus symptomatisch behandelten Typhen. Bemerkenswerth und beweisend war uns ein Fall, welcher trotz hoher Temperaturen die ganze Akme hindurch keine Bäder erhielt, weil die Diagnose „Typhus" wegen fortgesetzter multipler rheumatoider Gelenkschmerzen mit unreinen Herztönen erst in der Defervescenz auf Grund der steilen Curven sicher gestellt worden ist; es betrug hier die Harnmenge täglich 1000—1300 Ccm. und nie mehr.

Was die Albuminurie bei der Bäderbehandlung betrifft, so wurde jeder Harn täglich 1 mal Morgens auf Eiweiss geprüft; wie in der Zusammenstellung (1885) erwähnt, war unter den 221 Fällen 14 mal Albuminurie in Form einer Trübung aus kleinen Flocken ohne nachweisbare Formbestandtheile zugegen; sie fiel auf den ersten oder einen der nächstfolgenden Tage des Aufenthaltes, also in die Zeit, wo die Polyurie wenigstens noch nicht hochgradig war, mit deren

Eintritt schwand die Albuminurie. Sie bestand also sehr kurz und sehr früh, noch bevor der Einfluss der Bäder zur Geltung gekommen.

Ich gestatte mir kein Urtheil in der wichtigen und schwierigen Frage über das „febrile" oder „infectiöse" Wesen dieser Albuminurie; doch meine ich, dass diese bei hohen Temperaturen auftretende, mit dem Abfallen der Temperatur auf die ersten Bäder und dem Eintritte der Polyurie verschwindende Eiweissausscheidung etwas anders aufgefasst werden darf, als die Albuminurie in den späteren Tagen der Akme, die bestimmt als Infection gedeutet und auf den Eliminationsvorgang zurückgeführt werden muss. Letztere Albuminurie kann die Erscheinung einer wirklichen Nephritis sein und zur Entwicklung kommen, nachdem in den ersten Tagen der Fieberhöhe eine einfache Albuminurie bestanden hatte, aber wieder vollkommen zurückgegangen war, wie wir das bei Scharlach beobachtet hatten.

Es müsste für solche Fälle eine zeitliche Latenz der Infection der Nieren angenommen werden, wenn man in der Albuminurie der ersten Tage ebenfalls schon eine Infection (infectiöse Nephritis, Abortivnephritis u. s. w.) erkennen will, was doch Zweifel zulässt; also darf man sich unsere Fälle von initialer Albuminurie doch als die mögliche Folge thermischer Einwirkung auf die Gefässwandungen oder das Epithel denken. Aus einer grossen Reihe von Aufzeichnungen bei Infectionskrankheiten ist zu constatiren, dass initiale Albuminurie schon zugegen war bei 39,3° in recto, andererseits gefehlt hat bei 40,0; aber bei 41,0 haben wir sie nie vermisst. Jedenfalls muss die Einwirkung der Bäder auf den Nierenkreislauf als ein günstiger bezeichnet werden, dies beweist das fast nie fehlende Auftreten der Polyurie, das Verschwinden und Nichtwiederkehren der Albuminurie und das gänzliche Fehlen nephritischer Erscheinungen in der vorgerückteren Zeitperiode; man darf den kalten Bädern eine gegen complicirende Nierenerkrankungen prophylaktische Wirkung zuschreiben. Im Hinblick auf die so häufig gegentheiligen Meinungen über das Verhalten der Nieren zu den kalten Bädern kann ich eine Erfahrung aus einer Scharlachepidemie der Garnison vor 3 Jahren anführen: es wurde hierbei aus äusseren Gründen die eine Hälfte, mit ganz gleich schweren Fällen wie die andere, auf der Akme mit kalten Bädern (3 stündlich so oft 39° C. ein Bad mit 16—18° R.), die andere Hälfte der Kranken exspectativ behandelt.

Von 69 Badenden bekamen Nephritis 5 Fälle, von diesen gestorben 0
„ 56 Nichtbadenden bekamen Neph. 9 „ „ „ „ 5
Summa 125 Scharlachfälle bekamen Neph. 14 Fälle, von diesen gestorben 5

Die Mittheilungen über die vortheilhafte Rückwirkung der Bäder auf die Nieren im Typhus finden in allen Berichten ihre Bestätigung. Die französischen Autoren Tripier und Bouveret, die sich ganz strenge, ebenso wie ich, an die Brand'schen Vorschriften gehalten haben, sagen: „Bei Bädern wird der Harn schon bald vermehrt und zwar bereits in den ersten Tagen; eine weitere Steigerung der Diurese erfolgt nach dem Fieber und erstreckt sich noch einige Tage in die Defervescenz hinein in der Menge von 4000 bis 7000 Ccm.

Hingegen bleibt der Harn lange Zeit fieberhaft bei medicamentöser Behandlung . . . Antipyrin verringert die Harnmenge, sei es infolge der Herzschwäche oder der Schweisse . . . . Die Mehrzahl unserer Kranken hatte Eiweiss im Urin; wir haben nie darauf Rücksicht genommen, auch wenn die Albumiurie, was übrigens sehr selten der Fall war, mit Wassersucht verbunden war. Wir haben auch nie eine Nierenaffection beobachtet, die man den kalten Bädern zuschreiben konnte; einer unserer Kranken hatte während der Bäderbehandlung Albuminurie, die sich mit dem Aussetzen der Bäder steigerte . . . . .

Die methodische Bäderbehandlung ist bei wirklicher infectiöser Nephritis nicht contraindicirt, sondern indicirt; wo die Niere krank ist, wirken gerade die meisten Fiebermittel auf ihrem Wege durch die Nieren toxisch, während das kalte Bad ein äusserliches Mittel ist, welches gefahrlos die Diurese anregt."

Bezüglich des Verhaltens der Nierenthätigkeit bei combinirter Bäderbehandlung haben sich unseren Vergleichen mit dem bei streng methodischer Bäderbehandlung keine Unterschiede ergeben; es hatte sich hier die Diurese unter Betheiligung der diuretischen Wirkung des Chinins zu gleicher Höhe gesteigert. Die initiale [Albuminurie war bei den combinirt behandelten Fällen seltener, als bei der streng methodischen Bäderbehandlung, dafür aber war es dort 2 mal zu wirklicher Nephritis in der späteren Periode gekommen. In einer Debatte der medicinischen Gesellschaft in Lyon (1887, November) äusserte sich M. Mayet: „Die Nieren sind im Typhus schon krank, und wenn man dem zu eliminirenden Krankheitsstoff noch ein Medicament zufügt, so macht man die Sache noch verwickelter; das Antipyrin scheint verhängnissvoll giftig zu wirken, wenn es sich anhäuft."

Die Wirkung der kalten Bäder auf die Milz ist eine die acute Schwellung beschränkende; diese war sehr oft schon beim Zugange sehr ausgeprägt und ist dann auch in den ersten Tagen noch weiter gestiegen; zu so bedeutenden, schon durch Palpation erkennbaren

Schwellungen, wie sie früher nicht selten waren, ist es nicht gekommen, daher auch nie die sonst so häufigen Klagen über Schmerz im Hypochondrium (Zerrung der Kapsel) geäussert wurden. Es wäre eine unnütze Wiederholung, die günstigen Umwandlungen in Aussehen und Function, mit welchen das Hautorgan, der nächste Angriffspunkt unserer Therapie, auf diese reagirt, noch des Weiteren auseinanderzusetzen; es genügt, zu erwähnen, dass ihr Turgor sich erhöht, sie wird weich und duftend, die Tendenz, an Druckstellen sich ru röthen, Akne und Furunkelerruption zu bilden, schwindet; damit entfällt der Anlass zu den mannigfachen Complicationen von Seite der Haut, die früher oft in verhängnissvoller Weise Verlauf und Ausgang beeinflusst haben. Vinay sagt, das kalte Bad verhüte Mortificationsvorgänge der Haut, es bethätige „Asepsis" dieses Organs. Die Roseolaeruption scheint durch die Bäder nicht gehemmt und nicht gefördert; nur ist die Färbung dieser meist als klein papulöses Exanthem auftretenden Affection etwas weniger saturirt, doch immer deutlich genug, um ihr oft in Nachschüben erfolgendes Auftreten beobachten zu können. Eine andere Erscheinung auf der Haut ist der Mittheilung werth, besonders zum Zwecke weiterer Prüfung; dies sind die Tâches bleuâtres, welche schon häufig beschrieben und in den älteren und auch noch neueren Arbeiten als „Pelioma typhosum" aufgeführt sind; sie bestehen aus zahlreichen blauen Flecken von unregelmässiger rundlicher Form und dem Aussehen kleiner umschriebener Sugillationen; Bäumler vergleicht sie ganz zutreffend mit „durch die Cutis durchschimmernden Abschnitten von subcutanen Venen". Ihr Sitz war in unseren Fällen immer die untere Bauchgegend, die Leistengegend und die Vorder- und Innenfläche der Oberschenkel; sie sollen auch in grösserer Ausdehnung vorkommen. Sie waren, wo wir sie beobachtet, schon immer gleich am 1. Tag vorhanden, blieben längere Zeit, bis zu einer Woche, stehen und wurden wie die Roseolae durch die Bäder nicht weiter beeinflusst, als dass sie bei erblasster Haut etwas schärfer hervorgetreten sind. Nach Mittheilung eines französischen Arztes, dessen Namen mir nicht mehr erinnerlich, rühren diese Flecken von den Stichen des Pedicul. pubis her und wurden auch künstlich durch Inoculation mit diesem zerdrückten Parasiten erzeugt. In den 10—15 Typhusfällen, in denen wir diese blauen Flecken gesehen, wurden auch die Morpiones constatirt, viel häufiger allerdings diese ohne die Tâches bleuâtres mit und ohne Typhus. Doch wird eine weitere Beobachtung diese Erscheinung leicht klarlegen, die ich nur angeführt, weil man die genannte Ursache noch wenig erwähnt findet.

Das Defluvium capillorum post typhum kam früher regelmässig zur Beobachtung, entweder wenn der Kranke wegen einer schweren Complication und noch Monate lang im Lazareth verbleiben musste, oder wenn er nach einem 2—3 monatlichen Erholungsurlaube wieder zum Dienste einrückte; jetzt ist dieses charakteristische, dünn gesäte, kurze Wollhaar — Nachschub — nicht oder kaum mehr zu sehen; wenigstens ist es mir nie mehr gelungen, nach verschieden langen Zeiträumen, in welchen ich unsere mit Bädern behandelten Fälle wieder gesehen, auch nur 1 mal diese Erscheinung zu constatiren.

Die Symptomatologie des Typhus ist durch die methodische Bäderbehandlung eine andere geworden, aber nicht der typische Verlauf, die Natur und die Localisation der Erscheinungen haben sich geändert, nur ihre Intensität ist geringer geworden. Da diese Therapie nicht das eine oder andere Symptom aus der Gesammtreihe herausnimmt, sondern die Erscheinungen in allen Organen, welche durch Infection oder Fieber in ihrer Function gestört sind, mit Sicherheit abzuschwächen und zu beseitigen vermag, so nimmt sie als „antityphöse Behandlung" den ersten Rang unter den symptomatischen Behandlungsarten ein und steht einer specifischen Therapie jedenfalls nahe; sie übertrifft diese vielleicht an Erfolgen, wenn man die Mortalität und die oft ganz späten Recidive bei Malaria und Gelenkrheumatismus mit seinen Complicationen unter der specifischen Behandlung mit Chinin, bezw. Salicylnatron in Erwägung zieht, deren Wirksamkeit doch eigentlich mehr gegen das specifische Fieber bezw. die Localaffection, als gegen die Krankheit selbst gerichtet ist.

Das Ziel der Forschung muss die Entdeckung eines antityphösen Specificums bleiben, aber an der Hand der Hydrotherapie kann man mit ebenso viel Beruhigung als Interesse dem Gange dieser Forschung zusehen und ihre Erfolge abwarten.

Es liegt mir die unbescheidene Erwartung fern, dass das Vertrauen, welches in diesen Worten zum Ausdruck kommt, sofort die Zweifel anders Denkender zurückdrängen werde; ich unterlasse es deshalb nicht, den schon in obiger Besprechung eingefügten ärztlichen Urtheilen und Erfahrungen auch noch weitere gewichtige Aussprüche anzureihen, die unser medicinisches Können bezeugen.

Zunächst sind es die am IV. Congress für innere Medicin im Jahre 1885 betheiligten Kliniker, welche sich in fast ungetheiltem Sinne dahin geäussert haben, dass bis zur Gewinnung eines specifischen Heilmittels derjenigen Therapie der Vorrang gebühre, welche die Wirkungen der krankmachenden Agentien am erfolgreichsten herabzusetzen oder zu beseitigen vermag, dass diese Aufgabe am sichersten durch die Hydrotherapie gelöst werde und dass die medicamentöse Antipyrese nur einseitig, wenn auch ergiebiger, gegen die Temperaturerhöhung wirke, nicht aber wie die Bäderbehandlung einen umgestaltenden Einfluss auf den Gesammtverlauf ausübe (Filehne, Liebermeister, Jaksch, Strümpell, Rossbach, Stintzing, Bauer, Heubner, Jürgensen, Zuntz).

Auch ausserhalb dieser Versammlung haben Kliniker und Aerzte in mehr oder weniger Uebereinstimmung mit jener sich ausgesprochen; ich gestatte mir, in kurzen Auszügen darüber mitzutheilen, was ich der Literatur entnehmen konnte.

Bamberger rechnet „trotz der Reaction gegen die Kaltwasserbehandlung diese doch zu den allerbesten Behandlungsarten" und empfiehlt Vollbäder von 17—18° R., so oft die Temperatur 39,5° C. übersteigt. Er zieht sie den antipyretischen Mitteln vor.

Nothnagel schlägt für besonders kräftige Menschen in der 1. und 2., auch noch 3. Woche Bäder von 18° R. 3—7 Minuten lang vor und hält sie wegen ihrer Wirkung auf das Nervensystem für besser als die chemischen Agentien.

Ebstein greift nur zu Bädern, wo andere Mittel nicht mehr ausreichen; er sieht im kalten Bade das beste Stimulans fürs Herz.

Senator hält mit einem Ausspruch über den umgestaltenden Einfluss der Hydrothrapie auf die Mortalität noch zurück, da bis 1885 in keinem der grösseren Krankenhäuser Berlins die Bäderbehandlung streng-methodisch durchgeführt wurde. Er weist dem kalten Bade seinen Platz an bei der sogenannten Feb. nerv. stupida.

Goltdammer ist von seiner früheren Strenge in der Bäderbehandlung zurückgegangen, hält aber diese auf Grund einer Erfahrung an 3000 Typhen immer noch für die beste Methode.

Fräntzel, unzufrieden mit den versuchsweise angewandten Bädern nach Brand, verordnet solche von 17° R. 10 Minuten lang 2—3 mal täglich; immerhin hält er die Bäderbehandlung noch für die beste und verhält sich entschieden ablehnend gegen medicamentöse Antipyrese.

Fiedler berichtet über ein grosses Material aus 34 Jahren; er hat seit Durchführung der methodischen Bäderbehandlung eine Abnahme der Mortalität um nur 2,2 Proc. aufzuweisen, an welcher er auch die bessere Hygiene und das inzwischen gereichte Chinin, selbst in grossen Dosen, Antheil nehmen lässt; nach, wie mir scheint, irriger Auffassung Anderer hätte auch noch der leichtere Charakter der Krankheit an dieser geringen Sterblichkeitsverminderung sich betheiligt, weil **Fiedler** von einer Aenderung der Krankheitsformen gesprochen; eine eingehendere Durchsicht der Mittheilungen **Fiedler's** lässt aber zweifellos die pathologischen Erscheinungen in den letzteren Jahren intensiver und nur den anatomischen Befund an In- und Extensität geringer erscheinen; da der praktische Gesichtspunkt letzterem nur eine untergeordnete Bedeutung beilegen kann, so ist ein Milderwerden des Krankheitscharakters in Dresden folgerichtig nicht anzunehmen, **Fiedler** hat dies auch nicht ausgesprochen. Bezüglich der Therapie zeigt sich **Fiedler** als principieller Anhänger der Bäderbehandlung; nur warnt er vor Uebertreibung, allerdings ohne die Grenze zu zeichnen, wo sie beginnt.

**Naunyn** sieht im kalten Vollbade 2 Kräfte vereint, welche getrennt zur Entfaltung gebracht werden können. Bei niederer Temperatur des Bades kommt eine reflectorische belebende, bei höherer Temperatur, aber längerer Dauer eine abkühlende Wirkung zu Stande. Für kräftige Männer empfiehlt **Naunyn** kalte Bäder von 18° R. 5—10 Minuten lang, so oft die Temperatur 39,5 in axill. u. s. w. Er verwirft medicamentöse Antipyrese vollkommen.

**Strümpell** stimmt mit Entschiedenheit für die **Brand'sche** Methode, die zwar seines Erachtens nicht mehr die ursprünglichen Indicationen habe, aber doch Vortheile für die Kranken biete, wie keine andere Behandlung. Die Leistungen der medicamentösen Antipyretica hält **Strümpell** für fraglich.

**Heubner** hat sich seit 1868 mit jedem Jahre mehr von der Richtigkeit der **Brand'schen** Ausführungen überzeugt; er hält noch immer diejenige Anwendung der Bäder für die beste, wie sie **Brand** in seiner 1. Schrift gegeben hat.

**Seitz** (**Niemeyer**) spricht sich ebenfalls für die **Brand'sche** Methode aus, jedoch unter Individualisirung und Anpassung an die Besonderheit der Verhältnisse.

**Gerhardt's** Standpunkt in dieser Frage ist nur aus seinem Vortrage „auf dem I. Congress für innere Medicin 1882" im Allgemeinen zu entnehmen. **Gerhardt** sieht in der Feststellung der Fiebergrenze als den Anfang einer eingreifenden Behandlungsweise noch die grösste Schwierigkeit; wo ein Eingreifen nöthig, gilt **Gerhardt** das alte Wort: „$\ddot{\alpha}\varrho\iota\sigma\tau o\nu$ $\mu\grave{\varepsilon}\nu$ $\ddot{v}\delta\omega\varrho$", besonders im Typhus.

P. **Guttmann** stellt in seiner Besprechung über antipyretische Mittel das kalte Vollbad obenan; bei Typhus genügen meist 4 Bäder täglich. An die zweite Stelle setzt **Guttmann** die Antipyretica, unter diesen gelte ihm Antipyrin als Antifebrile ersten Ranges, welches über Chinin den Sieg davon getragen habe.

Die Ansichten der übrigen Kliniker sind mir zum Theil nicht zur Kenntniss gekommen[1]), zum Theil sind sie die Grundlage für Modificationen der Kaltwasserbehandlung gewesen, die nur unter besonders gestalteten äusseren Verhältnissen geboten, bezw. durchführbar erscheinen, so die Verdunstungskälte (Peyer), die Lagerung auf kalten Medien (Quincke, Leube u. s. w.). — Dem permanenten Bad von Riess gebührt eine besondere Erwähnung; im temperaturerniedrigenden Effecte steht es über der medicamentös-antipyretischen Behandlung und über dem Brand'schen Bade, aber es fehlt ihm die erregende Wirkung des letzteren und die Einfachheit der Durchführung.

Ein Ueberblick über die Behandlungsmethoden auf den einzelnen Kliniken zeigt, dass das ärztliche Handeln sich allseits zur Hydrotherapie gedrängt fühlt und erst in zweiter Linie zur medicamentösen Antipyrese greift. Sämmtliche Kliniker zeigen in ihrer Haltung das Bewusstsein einer erspriesslichen Leistungsfähigkeit und keiner derselben hat ein empfehlendes Wort für die ausschliesslich medicamentöse Antipyrese, noch weniger für die Rolle eines exspectativen Zuschauers gegenüber dieser so gefahrreichen Krankheit.

Sämmtlich waren und sind sie von den Erfolgen der Bäder ebenso weit befriedigt, so weit sie in ihrer Anwendung je nach ärztlichem Ermessen oder nach der Lage der Aussenverhältnisse gegangen sind. Es wäre nur noch zu wünschen, dass sie prüfen möchten, ob ihre Befriedigung sich nicht weiter erhöhen werde, wenn sie in Ausdehnung der Indicationen und Einengung der Contraindicationen einen Schritt vorwärts machen würden; ihre doch nur in kleinen Dingen auseinandergehenden Behandlungsweisen würden sich in dem streng methodischen Verfahren von Brand begegnen und vielleicht vereinen; auf diesem Wege des gemeinschaftlichen Versuches würde ein maassgebendes Urtheil ermöglicht und somit*den Aerzten eine längst erwünschte Directive geboten werden. Gerade der Mangel einer Uebereinstimmung über den wichtigsten und erfolgreichsten Vollzug der Hydrotherapie erschwert dem Praktiker die Wahl; er bedient sich schliesslich gar keiner der zahlreichen Modificationen und greift zur naheliegenden medicamentösen Antipyrese. Das ist leider der heutige Stand der Typhustherapie in der täglichen Praxis.

**Von ganz besonderer Dringlichkeit und Tragweite wäre eine Einigung über die richtigste Typhusbehandlung im Kriege.**

---

1) Ganz besonders günstig über Hydrotherapie haben sich noch Ratjen in Hamburg, Alexander in Breslau, Pribram in Prag, Pfuhl in Altona ausgesprochen.

Die äusseren Schwierigkeiten, die sich der allgemeinen Aufnahme der Hydrotherapie entgegenstellen, bilden ein so sehr häufig hervorgehobenes Moment, dass man nicht über Typhustherapie sprechen kann, ohne darauf einzugehen. Sie werden gefunden in administrativen, örtlichen und subjectiven Rücksichten, in Krankenhäusern nicht weniger als in der Civilpraxis, von dem einen Arzte mehr als von dem anderen. Obenan steht wohl der Anspruch an die Wartung und Pflege, d. h. der Bedarf an Wartepersonal.

Die Thätigkeit der Wärter war früher vorzugsweise in Anspruch genommen durch die Ueberwachung der fortwährend Delirirenden und die Handhabung der Reinlichkeit des Krankenbettes bei den zahlreichen unfreiwilligen Entleerungen — diese Aufgabe ist unter der Bäderbehandlung ganz zurückgetreten; die Hauptarbeit des Wärters ist jetzt die 2—3 stündliche Messung der Temperatur und die Verabreichung der Bäder bei Tag und Nacht.

Soll in der Wartung und Pflege eine Gewähr gelegen sein gegen die Unzahl möglicher Verstösse und Unterlassungen und für günstige Heilresultate, so müssen bei mittlerem und hohem Krankenstande, sei es En- oder Epidemie, 3 Typhuskranke 1 Wärter haben und dieser darf mit keiner anderen Beschäftigung belastet werden, als mit der Pflege seiner Kranken. Sporadische Typhusfälle verlangen natürlich im Hinblick auf den Wechsel eine relativ grössere Wärterzahl.

Dieses Verhältniss (3 : 1) ist in unseren Baracken eingehalten, d. h. wir haben auf die hier durchschnittlich gelagerte Krankenzahl von 12 Mann fortwährend 4 Wärter, welche allein und ausschliesslich den Dienst versehen. Die Zahl der Wärter war früher keine geringere und doch ist Manches vorgekommen, was unter Bäderbehandlung ausgeschlossen bleibt, d. h. es war damals die Pflege eine viel schwierigere als heute. Was den Bedarf an Personal bei der streng methodischen Bäderbehandlung im Vergleich zu der mit Medicamenten compinirten Bäderbehandlung betrifft, ändern die eingeschobenen Remissionen durch Chinin natürlich nichts an der Sache.

Wenn man aber mit milderen Proceduren an Wärterpersonal zu ersparen glaubt, so ist dies eine Täuschung. Nur 1 oder 2 warme Bäder täglich zurecht zu richten, macht, wie jeder Arzt zugeben wird, in einem Spitale oder im Haushalte mehr Umstände, als wenn man den Kranken alle 3 Stunden in das am Bett stehende Bad verbringt, welches Wasser von der Temperatur der Zimmerluft enthält.

Waschungen, Wickelungen und auch Umschläge stellen noch höhere Ansprüche an das Wartepersonal, vorausgesetzt, dass sie nur annähernd richtig und ergiebig durchgeführt werden.

Es ist nicht zu viel gesagt, dass da, wo die Brandsche Bäderbehandlung durch äussere Hindernisse erschwert oder gar ausgeschlossen ist, eine andere Bademethode noch weniger Platz greifen kann.

Soll noch die ökonomische Seite bezüglich des Leinzeuges u. A. berührt werden, so ist allerdings ein grosser Bedarf an Bettwäsche für Doppelbetten, Einschlag- und Abtrockentüchern, wollenen Decken bei der Bäderbehandlung gegeben, er steht aber nicht im Verhältniss zu dem Verbrauch infolge der früher regelmässigen, unfreiwilligen Durchfälle, den umfangreichen Decubitus (Verbände) u. s. w.

Locale Verhältnisse können bei epidemischem Auftreten des Typhus an sich schon Verlegenheiten bereiten, die in der Alternative gelegen sind, die Typhösen in bestimmte Säle zusammenzuhäufen oder in die von anderen Kranken belegten Säle zu zerstreuen.

Durch die Herstellung einer Isolirbaracke von Holz mit freiem Luftzutritt von allen Seiten wird der genannten Schwierigkeit begegnet und zugleich die ungestörte Durchführung der Bäderbehandlung ermöglicht. — Es ist Sache des Arztes, dies anzustreben, wie Curschmann mit Entschiedenheit betont hat.

Die Rücksichtnahme auf die Kranken fällt zusammen mit der Individualisirung, und diese dürfte sich am geeignetsten vom objectiven und subjectiven Gesichtspunkte aus beurtheilen lassen.

In objectiver Beziehung sind es die sogenannten primären Complicationen, welche in Form von Schwächlichkeit, Anämie, Herzanomalien, beginnender oder schon entwickelter Phthise und anderen acuten oder chronischen Krankheitszuständen das kalte Bad contraindiciren können. Sie kommen selbstverständlich in den Militärlazarethen, d. h. bei deren Krankenmateriale, ungemein selten zur Geltung, häufiger in den Civilkrankenhäusern und der Privatpraxis; eine grössere Vertrautheit mit den Wirkungen der Bäder wird auch deren Gefahrlosigkeit zeigen und die genannten Contraindicationen immer mehr einschränken; auch wenn sie da sind, wird man bei 39,5—40° C. in recto nie ganz auf das Bad verzichten dürfen, es muss eine mildere Procedur gewählt werden und eine solche ist das vorzügliche Ziemssen'sche Bad.

Wo aber bei hochfebriler Temperatur eine tiefe Depression des Nervensystems vorliegt, muss von der Energie des kalten Bades, eventuell der eiskalten Begiessung in wärmerem Bade Gebrauch gemacht werden. Ich halte es für den grössten und häufigsten Fehler, dass man in solchen Fällen sich so zögernd verhält und immer wieder zu einem wärmeren Bade greift, statt, wenn eine Rücksicht etwa wirklich geboten erscheint, zu einer Abkürzung des kälteren Bades. Gerade ein schwächlicher blutleerer Organismus wird den Einfluss eines tief temperirten (16 bezw. 14º R.) Bades in der Dauer von 10 oder selbst nur 5 Minuten mit Beihülfe des Alkohols viel leichter reguliren, als den eines Bades von 18 oder 22º R. in der Dauer von ¼ Stunde oder länger, womit allerdings ein grösserer Badeeffect (Temperaturabfall) erreicht, aber auch wirkliche Erkältungserscheinungen hervorgerufen werden können, die ein kurzes kaltes Bad nie erzeugt. Der Kranke hat dabei subjectiv im günstigen Falle nichts gewonnen und objectiv ist ihm der Vortheil der Erregung seines darniederliegenden Nervenlebens entzogen worden, um so mehr, wenn man auch die Abkühlung des Badewassers (Ziemssen) unterlassen hat.

Ich nehme keinen Anstand, in der Scheu vor dem kalten Bade gerade bei dieser Kategorie von Individuen die Ursache von Misserfolgen und selbst Nachtheilen der Bäderbehandlung zu suchen. Die secundären Complicationen sind, wo schon erwähnt, für uns nur da eine absolute Contraindication des Bades, wo in der activen und passiven Bewegung des Kranken eine Gefahr gelegen ist, so bei Venenthrombose, Peritonitis, späten Darmblutungen; eine Indication für Milderung des Verfahrens (Ziemssen's Bad) bilden Larynx- und Pleuraaffectionen und wirkliche Schwächezustände.

Viel häufiger und wichtiger, als diese kleine Reihe objectiver Gegenanzeigen, steht die Subjectivität des Kranken und seiner Umgebung der Wahl der Therapie oder vielmehr ihrem Vorschlage entgegen. Gerade in diesem Punkte bedürfte der einzelne Arzt so sehr einer Stütze, die er nur in der Autorität der Kliniker und ihres maassgebenden, vereinten Gutachtens über den Werth und die Dringlichkeit der methodischen Bäderbehandlung (Brand) im Typhus finden könnte; ohne ein solches bekommen meist die Aengstlichkeit des Kranken und die Vorurtheile der Angehörigen die Herrschaft über den schon zaghaften Vorschlag des Arztes, gegen welchen ich immerhin einen Tadel nicht aussprechen möchte, so lange es ihm nicht gelungen ist, sich ein bestimmtes Urtheil von der Richtigkeit der Bäderbehandlung zu bilden. Ist er aber einmal davon überzeugt, dann möge er sich in den Worten Liebermeister's: „Die Vorurtheile des Kranken werden sich überwinden lassen, wenn die Aerzte ihre Pflicht thun", Belehrung suchen.

Meine Erfahrungen haben mich über jedes Schwanken und Zagen hinweggesetzt in der Spital- und in der Civilpraxis. So wenig ich bisher auch nur 1 mal einen Unfall zu beobachten hatte, weder auf der Station der Collegen, noch auf der meinigen, ebensowenig war ich je in die Lage versetzt, aus subjectiven Gründen von den Bädern gänzlich abzustehen; hin und wieder wurde bis zur Ueberwindung der Angst der Kranken 1- oder 2 mal nach Ziemssen gebadet, aber dann ging es immer, „durch Ueberredung und vorgeführte Beispiele", wie ich mich früher geäussert habe, den Kranken moralisch zu unterstützen in der Ertragung der Unannehmlichkeit des Bades; die Kranken sehen den Erfolg an sich und Anderen und sind verständig genug, sich dem Fortgebrauche nicht zu widersetzen. So fällt es dem Tact und der Theilnahme des Arztes nicht schwer, die Standhaftigkeit des Kranken durch eine 3—4 wöchentliche Akme aufrecht zu erhalten.

Es ist von Interesse, auch einige andere Stimmen, die sich besonders hierüber äussern, zu hören. D. Mayer sagt: „Wie wohlthuend die abkühlenden Bäder auf das Subjectivbefinden der Kranken wirken, das sieht man am besten bei Kindern, welche oft vor dem Bade apathisch und mürrisch, nach demselben spielend und munter angetroffen werden und nach Nahrung verlangen, die sie vorher verweigerten ... Dazu kommt, dass die hochfiebernden Kranken oft nach den Bädern recht gut schlafen, während sie ohne dieselben sehr schlechte aufgeregte Nächte haben ..."

An anderer Stelle sagt Mayer, er habe 20 Jahre lang ohne Antipyrese und dann 14 Jahre lang mit Antipyrese (Bäder) prakticirt und mit letzterer in seiner Kinderpraxis eine wahrhaft glückliche Aera begründet.

Dies lässt sich wohl nicht erreichen, wenn subjective Rücksichten wirklich das kalte Bad erschweren, die ja bei Kindern besonders zur Geltung kommen.

Böhm und Michel behandelten im Feldzuge 1870—1871 in Niederbronn „131 typhuskranke Soldaten mit Bädern von 18—20° R. Fast jeder Kranke klagte anfangs über die Bäder, doch schwand das Widerstreben bald, die Kranken gingen ganz willig hinein, und es sind Fälle vorgekommen, wo dieselben das Bad selbst verlangt und nur ungern wieder verlassen haben. Immer zogen sie das Bad den Umschlägen vor. Mit Chinin wurden sehr zweifelhafte Erfolge erzielt".

In einer Arbeit aus den früheren Perioden der Bäderbehandlung (1872) hat Riegel aus den Beobachtungen einer grossen Zahl von Bädern constatirt, dass „kein Fall beobachtet wurde, in welchem dieselben nicht vertragen worden wären; in der allerersten Zeit sind allerdings Bäder, wie auch die Umschläge manchem Kranken eine nicht ganz erwünschte Methode, aber bereits in sehr kurzer Zeit ist eine vollkommene Accommodation eingetreten".

Eine Typhusinfection, die ich vor 4 Jahren nach einem mehr als 30jährigen Aufenthalte in München zu ersteben hatte, ist mir Anlass und Entschuldigung, von meiner Person zu sprechen; ich habe in einer 2 wöchentlichen Akme (i. e. excl. Initium und Defervescenz) 96 kalte Bäder, in den ersten Tagen mit 14°, dann mit 16° R. bei 39,0° C. in rect. in der Dauer von je ¼ Stunde genommen. Man darf dies also eine mittelschwere Infection nennen.

Soll ich mich über die Empfindungen äussern, die das Baden mir verursachte, so bekenne ich gern, dass das Einsteigen in das Bad, immer ohne Beihülfe, bei einer Körperwärme von 40° C. den Contrast als das schwer zu beschreibende Gefühl des Chocs unangenehm empfinden lässt; dies ist aber nur ein Augenblick, die darauffolgende fühlbare Abkühlung wirkt angenehm. Es fällt nicht schwer, die vorgeschriebene ¼ Stunde auszuhalten, doch macht sich gegen den Schluss das Verlangen nach subjectiver Erwärmung geltend und eine Ausdehnung über diesen Zeitpunkt berührt unangenehmer, als der Choc beim Einsteigen, im Uebermaasse auch schädlicher, als ein übermässiger Choc. Nachdem nun ausserhalb des Bades die möglichst rasche, aber sehr kräftige Abtrocknung stattgefunden, erfolgt im Bett bald die Erwärmung der Körperoberfläche und damit ein unschätzbares Gefühl des Wohlbehagens bei äusserlich und innerlich normaler Temperatur. Es erfolgt ein Nahrungs- und Schlafbedürfniss und in den Nachtstunden ein erquickender Schlaf um so länger, je langsamer die Temperatur wieder ansteigt. In den ersten Tagen der Akme macht sich schon gegen die letzte ½ oder ¼ Stunde der 2- oder 3 stündigen Pause (aber nicht früher) das Subjectivgefühl des wieder zur Herrschaft gelangten Fiebers geltend: Unbehaglichkeit, Unruhe und Hitze an einer Gesichtshälfte, an der Rumpfhaut, Aufhören des Schlafes, Kopfschmerz, rasches Athmen u. s. w.

Diese Erscheinungen steigern sich rapid und kommen dem Zustande einer tief gestörten Gehirnfunction nahe, man fühlt sich an der Grenze des Bewusstseins; bald machen sich Mahnungen von Delirien und Hallucinationen bemerkbar .... Die Messung der Temperatur ergiebt deren Hochstand und die Indication eines Bades, dem man sich um so lieber unterzieht, als man sich über die weitere Steigerung der Erscheinungen — ohne Bad — nicht täuschen kann. Man zögert auch nicht wohl, wieder zu baden, selbst wenn die Temperatur noch nicht die fixirte Höhe von 39° C. in recto erreicht hat, um 1½—2½ Stunden wieder wohl zu sein. Unter diesen Wahrnehmungen ist der Typhus uncomplicirt verlaufen, wie ich es bei meinen Kranken zu sehen gewohnt bin, d. h. in der 2 wöchentlichen Akme und der darauffolgenden Entfieberung ist die Durchschnittstemperatur von Tag zu Tag um einige Zehntel abgefallen bis zur Norm in der Reconvalescenz.

Bei einem so strengen Vollzug der Bäderbehandlung war Gelegenheit gegeben, die Empfindungen abzuwägen, wie sie durch die momentane Einwirkung des kalten Bades mit seinen nächsten Folgen einerseits, und die zunehmende Fieberhitze mit ihren Begleiterscheinungen andererseits hervorgerufen werden. Ich kann bestätigen, was mir die Beobachtung der zahlreichen — vor und nach Einführung der Bäder — behandelten Typhuskranken schon längst gezeigt hat, dass der Nichtbadende weit mehr auszustehen hat, so lange ihm seine krankhaften Empfindungen überhaupt noch zum Bewusstsein kommen, als der Badende.

Fürbringer erklärt bei dem heutigen Stande der Sache diejenige Typhustherapie für die beste, bei welcher der Kranke subjectiv und objectiv am meisten gewinnt und am wenigsten verliert; nach der subjectiven Seite nun glaube ich diese Aufgabe von der Bäderbehandlung am vollkommensten gelöst.

Es ist noch ein Vorwurf zu besprechen, das ist nämlich die Einförmigkeit der Bäderbehandlung für so sehr verschiedene Individualitäten; es ist richtig, dieses Verfahren hat eine präcise Form und wird in dieser auf eine Menge von Kranken unverändert angewendet, aber es passt auch für die überwiegende Zahl derselben, weil eben der normale Typhus einen präcis typischen Verlauf hat und wenig Wechsel in den Indicationen bietet. Man kann es eine Schablone nennen, mit demselben Rechte, wie jede andere Methode mit einer schematischen Anwendungsformel; aber in der Handhabung dieser Schablone giebt es viel mehr zu beachten, als in mancher anderen Therapie, die von Fall zu Fall ihre Gestalt ändern muss.

Hier, bei der Bäderbehandlung handelt es sich viel weniger darum, im Einzelfalle Zahl, Temperatur, Dauer der Bäder u. s. w. festzustellen, als vielmehr darum, dass durch den Vollzug der festgesetzten Formel bis ins Detail die erwünschte Einzel- und Gesammtwirkung der Bäder angestrebt wird; man muss Hunderten von solchen Bädern beigewohnt haben, um die hohe Bedeutung der kleinsten Factoren für Kranke und Krankheit selbst würdigen und auch dem Wärterpersonal begreiflich machen zu können. Merkwürdigerweise werden gerade bei den Versuchen mit diesen Bädern diejenigen Punkte am häufigsten ausser Acht gelassen, welche den Zweck haben, die Härte erträglich zu machen und Nachtheile fern zu halten; es wird ganz gewöhnlich die Restaurirung des Badenden vor, während und nach dem Bade, die fortwährende Tractirung der Körperoberfläche im Bade, die lebhafte Frottirung nach dem Bade, die Erwärmung des Bettes u. s. w. nicht nach der gegebenen Vorschrift in einem wie in dem anderen Fällen gewissenhaft durchgeführt, mitunter auch die Dauer des Bades ungebührlich ausgedehnt. Gerade in der Vermeidung der Härte liegt zum grössten Theil die Strenge der Methode und damit die Ermöglichung, sie mit der Consequenz und Energie durchzuführen ohne ängstliche Individualisirung.

Nicht geringer sind die Verstösse, welche ungenügende Wirkungen verursachen: der Kranke wird in ein Bad gesetzt, welches durch den eben herausgenommenen Patienten höher als $14^0$ R. temperirt ist, er bleibt nicht die vorgeschriebene Zeit hindurch im Bade, ein schlechter Wärter schenkt Nachts unter falschem Eintrag der gemessenen Temperatur sich und dem Kranken ein Bad u. s. w. Man muss sich in einem Spital und auch in der Privatpraxis diesen strengen Vollzug erst sichern, dann kann man nach der Schablone fortbaden, ohne Misserfolge oder Nachtheile zu gewärtigen. Selbstverständlich ist dadurch der Arzt der unerlässlichen Pflicht nicht entbunden, seine Typhuskranken 2 mal des Tages zu besuchen und zu beobachten, ebenso wie bei jeder anderen Therapie. Die wichtige Bedeutung des Abendbesuches und die Anordnung für die Nacht bleibt auch hier von Geltung.

Die im Gebrauche stehenden Behandlungsweisen gruppiren sich um 2 Methoden, die sich zur Zeit im Wesentlichen nur durch die Heranziehung oder Nichtheranziehung der medicamentösen Antipyrese zur Bäderbehandlung unterscheiden. Das ist $A$ die Brand'sche und $B$ die Liebermeister'sche Methode: zwischen beiden steht gesondert $C$ das prolongirte, allmählich abgekühlte Bad von Ziemssen.

*ad A.* Die Brand'sche Methode ohne innere Antipyrese. Alle 3 Stunden ein Bad von $15^0$ R. 15 Minuten lang, so oft Tag und Nacht die Temperatur in rect. $39,5^0$ C. und darüber misst. Zugleich häufig gewechselte kalte Compressen auf den Unterleib.

Winternitz mit seinen Halbbädern von $20-18^0$ R., Uebergiessungen und Frictionen, sowie fleissig gewechselten Stammumschlägen, und Jürgensen mit dem Vollbad von $12-15^0$ R. bei $39,0-40,0^0$ C. in rect. in der Dauer von $10-15$ Minuten, bei Tag und Nacht und bei sehr hoher Temperatur mit einem Bad von $8-12^0$ R. 5—10 Minuten lang, nebst Einpackungen in nasse Leintücher und Benetzung alle $1/4 - 1/2$ Stunden mit möglichst kaltem Wasser dürfen als Vertreter der gleichen Grundsätze mit Brand, für dessen Methode sie mit vielen anderen Klinikern (Strümpell, Heubner u. s. w.) rückhaltlos eintreten, hier angeführt werden. Jürgensen erklärt Medicamente in nicht vielen Fällen für nothwendig, Winternitz verwirft sie gänzlich.

*ad B.* Die Liebermeister'sche Methode (1886), combinirt mit medicamentöser Antipyrese. Blos Nachtbäder von 7 Uhr Abends bis 7 Uhr Morgens und zwar so, dass von 7—11 Uhr Nachts gebadet wird, so oft die Temperatur $40,0^0$ C. und darüber ist; von 12 Uhr Nachts Bäder schon bei Temperatur $39,5^0$ und von 4—7 Uhr Morgens Bäder schon bei $39,0^0$ C.

Die Temperatur des Wassers: $16^0$ R. oder noch niedriger; Dauer: 10 Minuten lang, alle 2 Stunden, so oft die Körperwärme die eben angegebenen Höhen erreicht hat.

Während des Tages wird kein Bad gereicht oder nur bei ganz bedeutender Höhe der Temperatur gebadet, wozu es aber nach Liebermeister nicht kommt, wenn durch spät Abends vorher gereichte Chinindosen (1,5—3 Grm. in toto) oder Antipyrindosen (3—6 Grm. in toto) eine tiefe Morgenremission geschaffen wurde.

Weil, Ebstein u. A. schliessen sich dieser Methode mehr oder weniger an.

*ad C.* Ziemssen's allmählich abgekühltes Bad von 25—$24^0$ R. unter Zugiessen kalten Wassers auf 20—$18^0$ R. in der Dauer von 20—30 Minuten wird von den Vertretern der zwei obigen Methoden nach bestimmten Indicationen gereicht.

In der gewöhnlichen Behandlungsweise steht Ziemssen der Liebermeister'schen Methode nahe; er badet ebenfalls besonders zur Nachtzeit (24—$14^0$ R.), und zwar am liebsten von 6—10 Uhr Abends und 2—8 Uhr Morgens; doch räth Ziemssen, nicht den ganzen 10stündigen Zeitraum von 8 Uhr Morgens bis 10 Uhr Abends ohne Bad verlaufen zu lassen, und schiebt deshalb um 10 Uhr Vormittags und 2 Uhr Nachmittags noch je ein Bad ein, wenn die Temperatur sehr hoch ist.

Innerlich reicht v. Ziemssen Abends von 6 Uhr an Antipyrin: innerhalb 3 Stunden je $2 + 2 + 1$ Grm. oder auch Antifebrin.

Schon die Schemata, nach welchen die 3 Methoden zur Durchführung kommen, zeigen unverkennbar einheitliche Principien ihrer Vertreter, in der Anpassung an besondere Verhältnisse nähern sie sich auch einer einheitlichen Form: die Brand'sche Methode ist Verschärfungen zugängig, die man der Schwere des Falles, d. h. der Hartnäckigkeit der Hyperthermie oder anderen Infectionserscheinungen entsprechend in Form eines tiefer temperirten Bades, oder endlich einer Verabreichung der Bades bei Körpertemperatur schon unter 39⁰ Platz greifen lassen kann. Andererseits lässt sich die Strenge des Verfahrens mildern durch Substituirung des allmählich abgekühlten Ziemssen'schen Bades bei Schwächlingen, Kindern und besonderer Aengstlichkeit der Kranken, namentlich als Einleitung des Verfahrens. Man wird die Dauer des Bades abkürzen, wenn die Badeeffecte anhaltend genug sind, d. h. die Temperatur nach 2 Stunden nicht schon wieder bedeutend angestiegen ist, womit denn auch eine Verminderung der Bäderzahl gegeben ist. Bei den seltenen primären und secundären Complicationen, die das Bad überhaupt verbieten, werden die medicamentösen Antipyretica — Antipyrin oder Chinin — ihre Stelle finden.

Die Methode von Liebermeister steht gegebenen Falles an Energie und Consequenz der Brand'schen Methode nicht zurück. Liebermeister reicht bei ungewöhnlicher Hartnäckigkeit der erhöhten Temperatur sogar während der Nacht stündlich je 1 Bad, also in 12 Stunden 12 Bäder, und kommt damit in schweren Erkrankungen auf 100—200 und mehr Bäder; die Durchschnittszahl berechnet sich bei dieser Methode auf 40—60 Bäder, während sie bei uns in strenger Durchführung der Brand'schen Methode nur 42 Bäder beträgt.

Dies steht im Einklang mit dem aus meinen Curven zu entnehmenden compensirenden Höheransteigen nach einem medicamentös-antipyretischen Effect, den Liebermeister durch eine Abends vorher eingefügte Chinindosis anstrebt und erreicht; da Liebermeister am Tage den Kranken Ruhe bieten möchte, sucht er eben durch eine möglichst tiefe Morgenremission oder vielmehr Intermission der wieder ansteigenden Tagestemperatur einen recht tief gestellten Ausgangspunkt zu geben, wie aus den Bemerkungen zu entnehmen ist, dass „die Exacerbationen nicht mehr so heftig zu sein pflegen, wenn es gelungen ist, genügende Morgenremissionen herzustellen". Die erwähnte grosse Zahl von Bädern, deren es hierzu nebst der Medication noch bedarf, lässt den Gewinn als zweifelhaft erscheinen, wenn man dem Fieber während der ganzen Tagesperiode seinen ungestörten Verlauf lässt.

Dies mag auch der Grund sein, warum Liebermeister in dem wesentlichen Punkte, der sein Verfahren von dem Brand'schen noch scheidet, in der Anempfehlung der medicamentösen Antipyretica, sich jetzt zurückhaltend äussert; in den früheren Auflagen seines Werkes hat er sich bei gegebener Wahl zwischen Bädern und innerer Antipyrese für letztere entscheiden zu müssen geglaubt, nun hat er wiederholt Anlass genommen, jede andere Therapie, bei welcher nicht die

Wärmeentziehung die Grundlage sei, für keine zweckmässige Behandlung zu erklären. Er warnt sogar vor Missbrauch der Medicamente und versetzt diese in die Reserve für den Fall, wo Bäder nicht am Platze oder von ungenügender Wirkung scheinen.

Vor 20 Jahren hat Hagenbach in seinen Mittheilungen über die in Gemeinschaft mit Liebermeister angestellten Beobachtungen und Versuche die Frage angeregt, ob nicht etwa das Chinin bei einer zweckmässig eingeleiteten Wasserbehandlung vollständig könne entbehrt werden. Dadurch, dass es nicht mehr als unzertrennlicher Bestandtheil der Methode, sondern nur als Ersatz angeführt wird, hat Liebermeister selbst diese Frage im bejahenden Sinne erledigt.

Da hinwieder die Brand'sche Methode, in deren Durchführung wir nun 15 Jahre lang die antipyretischen Medicamente als Unterstützungsmittel gänzlich ausgeschlossen hielten, doch unbedingt zur Verabreichung von Antipyrin oder Chinin greift, da wo der Gebrauch der Bäder unzulässig ist, darf man jetzt nicht mehr diese beiden Methoden als „combinirte" und „streng methodische" Behandlungsweisen einander gegenüberstellen.

Auch bezüglich des Badeverfahrens selbst versagt Liebermeister der gewöhnlichen Behandlungsweise, d. h. alle 2 Stunden ein Bad zu reichen, so oft Tag und Nacht] die Temperatur 39,5⁰ in recto oder 39⁰ in ax. misst, seine Anerkennung nicht; er wendet nichts dagegen ein, „da sich damit ebenso gute Resultate erzielen lassen"; er verwirft es mit Brand als gänzlich unzweckmässig, aus äusseren Rücksichten nur während des Tages zu baden oder leichtere Formen der Wärmeentziehungen in Anwendung zu bringen. In gleichem Sinne äussert sich Jürgensen, [der in der Anwendungsweise der Bäder sowohl als in seinem Urtheile über die medicamentöse Antipyrese dem Brand'schen Standpunkte noch näher steht.

Also Beide erklären sich mit Brand einverstanden. Wo eine Milderung des Verfahrens [durch die Individualität oder durch eine Complication geboten erscheint, wählt Liebermeister ebenso wie Brand und Jürgensen das prolongirte Bad von Ziemssen.

Niemand ist berechtigt, zu sagen, dass die Gesichtspunkte der Vertreter der verschiedenen Methoden in der Anerkennung der thatsächlichen Wirkung der Hydrotherapie des Typhus noch verschiedene seien; es erscheint auch die Kluft nahezu überbrückt, welche die Rücksichtsnahme auf die Subjectivität des Kranken zwischen Brand und Liebermeister geschaffen hatte (Unterlassung ¦der Bäder am Tage). Es erübrigt nur noch einer Verständigung der Kliniker darin, welches Maass der Strenge in der Bäderbehandlung als zulässig und geboten und durch welche Methode, vielmehr durch welche feststehende Formel dies am geeignetsten zur Wirkung gebracht werden könne.

Der Charakter der Fälle muss bestimmend sein für die Aufstellung einer typischen Behandlungsmethode. Der Typhus befällt überall vorzugsweise die gesunde Jugend; in einer Garnison die junge Mannschaft meist vom 1. Jahrgang, in der Civilbevölkerung einer Stadt die Studirenden, Künstler, Handwerksleute und Dienstboten beiderlei Geschlechts, gleichfalls häufig im ersten Jahre ihres Aufenthalts an der betreffenden Oertlichkeit; er führt in der grossen Allgemeinheit der ärztlichen Behandlung — Krankenhaus und Civilpraxis — das gleiche Material mit den gleichen Indicationen zu, und diese sind auf die grösste Energie gerichtet: je schwerer die Erscheinungen der Infection, desto dringender ist die Belebung der Innervation. Die Erfahrung hat die vielfach geäusserten Befürchtungen der Gefahr der streng methodischen Bäderbehandlung als gänzlich unbegründet erwiesen, und da diese zugleich in der verlässigsten Weise die eben genannte Aufgabe löst, wird sie von den meisten Klinikern für die bezeichnete, weit überwiegende Kategorie von Kranken als die wirksamste und zweckmässigste erachtet. v. Ziemssen sagt: „Für junge, robuste, abgehärtete Naturen ist die sofortige Anwendung der Bäder von 15—14° R. das Einfachste . . ." Ferner: „Unter den in Militärspitälern gegebenen Verhältnissen ist die energische Brand'sche Kaltwasserbehandlung der modificirten und mit Antipyreticis combinirten überlegen und hat auch ganz allgemein die besten Heilresultate bei Abdominaltyphus aufzuführen."

*Schlusssätze.*

1. Da nun kaum mehr eine Meinungsverschiedenheit darüber besteht, dass den Bedingungen grösster Einfachheit und Energie mit völliger Gefahrlosigkeit durch die Brand'sche Methode in hervorragendem Maasse genügt wird, so dürfte sich ihre Formel für die Behandlung des Abdominaltyphus normal angelegter Menschen mittleren Lebensalters zur Aufnahme in die allgemeine Praxis empfehlen; für den Typhus im Kriege wünschte ich ihr eine bindende Bedeutung beigelegt.

2. Herabsetzung der Temperatur des Bades, sowie Verabreichung der Bäder schon bei etwas tieferer Körperwärme, als hier festgesetzt, können als Verschärfung der Methode in Anwendung kommen und in allen Fällen, welche durch primäre und secundäre Complicationen eine Milderung erwünscht machen, steht die Abkürzung des kalten

Bades und dann das anfangs warme, allmählich abgekühlte Bad von v. Ziemssen zur Verfügung.

3. Bei absoluter Contraindication jeder Badeprocedur — zeitlich oder für den ganzen Verlauf — ist die medicamentöse Antipyrese unentbehrlich, also nicht als Ergänzung, sondern nur als Ersatz der Hydrotherapie. Ein exspectatives Verhalten ist angesichts der Leistungsfähigkeit der heutigen Therapie nicht mehr statthaft.

Mit diesen Vorschlägen glaube ich im Sinne aller Derer gesprochen, die sich je der Brand'schen Methode in ihrer reinen Form bedient haben. Ich reihe nur noch die Bitte an, man möge den Lücken meiner Darstellung mit Nachsicht, mit der grössten Strenge der Kritik hingegen in erneuter Prüfung am Krankenbette den hier niedergelegten Sätzen näher treten, deren Schwerpunkt in der sicheren Umgestaltung und Milderung des klinischen Verlaufes der Krankheit durch die ununterbrochene Einwirkung der kalten Bäder gelegen ist.

Die Widerlegung oder Bestätigung soll und wird maassgebend entscheiden, ob der Brand'schen Behandlungsweise des Typhus für jetzt und voraussichtlich auch für die nächste Zukunft der Vorrang vor jeder anderen Therapie gebührt.

---

Literatur, auf welche sich bezogen worden ist.
I.

1) Brand, Die Wasserbehandlung des Typhus. Tübingen, Laupp. 1877.

2) Derselbe, Ueber den heutigen Stand der Wasserbehandlung des Typhus. Deutsche med. Ws. 1887. Nr. 1 u. f.

3) Gläser, Bericht über die Temperaturverhältnisse in 200 tödtlich verlaufenen Typhen. Deutsches Archiv f. klin. Med. Bd. XLI.

4) Unverricht, Besprechungen und Kritik. Jahrb. d. prakt. Med. 1886. 1. Hälfte.

5) Guttstadt, Ergebnisse der Behandlung des Typhus. Deutsche med. Ws. 1886.

6) Sommerbrodt, Zur Kaltwasserbehandlung des Typhus. Besprechung. Deutsche milit.-ärztl. Zs. 1888. Heft 2.

7) Bahrdt, Vortrag in der med. Gesellschaft in Leipzig. Berl. klin. Ws. 1883. Nr. 14.

8) Schulz in Bremen. Deutsches Archiv f. klin. Med. Bd. IX. Heft 4.

9) Gläser, Zur hydriatischen Behandlung des Abdominaltyphus. Berl. klin. Ws. 1883. Nr. 14.

10) Derselbe, 102 Fälle von Abdominaltyphus, ohne Wasser und sonstige Antipyrese behandelt. Deutsche med. Ws. 1885. Nr. 12.

11) **Port**, Ueber Abnahme der Typhussterblichkeit. Münchener med. Ws. 1887. Nr. 36.

12) **Griesinger**, Infectionskrankheiten. Virchow's Handb. d. spec. Pathol. u. u. Therapie. 1855.

II.

1) **Thomas**, Arch. f. Heilkunde. 1864.

2) **Bäumler**, Klinische Beobachtungen über Abdominaltyphus in England. Deutsches Archiv f. klin. Med. 1867. Bd. III.

3) **Wunderlich**, Arch. f. Heilkunde. 1866.

4) **May**, Deutsche med. Ws. 1884. Nr. 24—26.

5) v. **Ziemssen**, Klinische Vorträge. Antipyrese und antipyretische Heilmethode. Leipzig, F. C. W. Vogel. 1887.

6) **Derselbe**, Klinische Vorträge. Die Behandlung des Abdominaltyphus. Leipzig, Ebenda. 1887.

7) **Tripier et Bouveret**, La fièvre typhoïde, traitée par les bains froids. Lyon, Henri Georg. 1886. Deutsche autorisirte Ausgabe von Dr. Arthur **Pollack**. Leipzig, Arnold'sche Buchhandlung.

8) v. **Jürgensen**, Ueber die leichteren Formen des Abdominaltyphus. Volkmann's Samml. klin. Vorträge. Nr. 61.

9) **Derselbe**, Abdominaltyphus. Lehrb. d. spec. Path. u. Therapie. 1886.

10) **Winternitz**, Ueber Heilfieber und Entfieberung. Wien 1885. Wiener med. Bl. Nr. 11—14.

11) **Derselbe**, Ueber wenig beachtete Wirkungen der hydriatischen Antipyrese. Wiesbaden 1886. Verhandl. d. V. Congresses.

12) **Seitz, K.**, Zur Kenntniss der Typhusbacillen. München 1885. Vortrag.

13) **Clement, Mayet et Vinay**, Discussion. Lyon méd. 1887. No. 49—52.

14) **Greifenberg**, Behandlung des Abdominaltyphus mit Sublimat. Berl. klin. Ws. 1885. Nr. 38.

15) **Fürbringer**, Zur Würdigung der Naphtalin- und Calomeltherapie u. s. w. Deutsche med. Ws. 1887. Nr. 10—13.

16) **Uffelmann**, Die Diät bei fieberhaften Krankheiten. Leipzig, Vogel. 1887.

17) v. **Hösslin**, Experimenteller Beitrag zur Ernährung fiebernder Kranker. Berlin 1882.

18) **Bauer und Künstle**, Ueber den Einfluss antipyretischer Mittel auf die Eiweisszersetzung Fiebernder. Unters. aus d. klin. Inst. zu München. 1884. Leipzig, F. C. W. Vogel.

19) **Alfred Vogel**, Klinische Untersuchungen über Typhus. München 1856.

20) **Leichtenstern**, Ueber Abdominaltyphus. München 1871.

21) **Eichhorst**, Ueber eine Typhusepidemie in Zürich. Zürich 1884.

22) **Filehne, Liebermeister, Jackson u. s. w.**, Discussion. Verhandl. d. IV. Congresses f. innere Med. 1885.

23) **Bamberger**, Behandlung des Abdominaltyphus. Allg. Wiener med. Z. 1885. Nr. 47 u. 48.

24) **Nothnagel**, Ueber Behandlung des Abdominaltyphus. Ebenda. 1887. Nr. 9 u. 10.

25) **Ebstein**, Die Behandlung des Unterleibstyphus. Wiesbaden 1885.

26) **Weil**, Zur Pathol. u. Ther. des Abdominaltyphus. Leipzig, Vogel. 1885.

27) **Fiedler**, Ueber das Verhalten des Abdominaltyphus in Dresden. Dresden 1884.

28) Gerhardt, Discussion. Verhandl. d. I. Congresses f. innere Med.
29) Guttmann, Ueber antipyret. Mittel. Berl. klin. Ws. 1885. Nr. 24 u. 25.
30) Senator, Ueber Typhusbehandlung. Deutsche med. Ws. 1885. Nr. 43.
31) Goltdammer, Ueber Typhusbehandlung. Ebenda. 1885. Nr. 44.
32) Fräntzel, Bemerkungen über die Behandlung des Ileotyphus. Militärärztl. Zs. 1886. Heft 3.
33) Derselbe, Ueber schwere Erkrankungen an Ileotyphus. Zs. f. klin. Med. Bd. II. Heft 2.
34) Naunyn, Kritisches und Experimentelles zur Lehre vom Fieber und von der Kaltwasserbehandlung. Arch. f. exp. Path. u. Pharm. Bd. XVIII. Heft 1 u. 2. 1884.
35) Strümpell, Abdominaltyphus. Lehrb. d. spec. Pathol. u. Ther. Leipzig, Vogel. 1886.
36) Heubner, Discussion. Leipzig 1886.
37) E. Seitz (Niemeyer), Handb. d. spec. Path. u. Ther. 1885.
38) Leube, Ueber Abkühlung fieberhafter Kranken durch Eiskissen u. s. w. Deutsches Archiv f. klin. Med. Bd. VIII.
39) Böhm und Michel, Die Kaltwasserbehandlung des Abdominaltyphus im Kriege. Deutsches Archiv f. klin. Med. Bd. VIII. Heft 2.
40) Riess, Ueber den Einfluss permanenter lauer Bäder auf den Temperaturverlauf. Med. Centralbl. Bd. XVIII. Nr. 36.
41) Mayer, Ueber individualisirende Antipyrese. Deutsche med. Ws. 1884. Nr. 30.
42) Riegel, Ueber die Resultate der Kaltwasserbehandlung des Unterleibstyphus. Deutsches Archiv f. klin. Med. Bd. IX. Heft 4 u. 6.
43) Liebermeister, Acute Infectionskrankheiten. 1. Theil. v. Ziemssen's Handb. d. spec. Path. u. Ther. Leipzig, Vogel. 1886.
44) Liebermeister und Hagenbach, Aus der medicinischen Klinik zu Basel. Leipzig, Vogel. 1868.
45) Curschmann und Ratjen, Verhandlungen des ärztlichen Vereins in Hamburg. 1888.
46) Pfuhl in Altona, Militärärztl. Zeitung. 1888.
47) Alexander in Breslau, Breslauer ärztl. Zeitschrift. 1887.
48) Pribram in Prag, Wiener med. Wochenschrift. 1886.

www.ingramcontent.com/pod-product-compliance
Lightning Source LLC
Chambersburg PA
CBHW030051170426
43197CB00010B/1484